KB265357

어제를 버려라
abandon

진 화 하 는 아 이 콘 **김 범 수** 의 **끝 없 는 도 전**

어제를 버려라
abandon

임원기 지음

달봄
북

김범수의 인생을 쓰다

오랫동안 갈증이 있었다. 사람의 이야기를 제대로 쓰고 싶다는 갈증이다. 이 책은 그 갈증을 푸는 첫 번째 시도다.

이 책을 쓰기 위해 김범수 카카오 이사회 의장과 그 주위 인물들을 참으로 많이 못살게 굴었다. 수시로 카카오톡으로 문자를 보내고 한밤중에도 전화해 질문을 던지는 것을 밥 먹듯 했다. 김범수 의장에게 20여 차례가 넘는 개별 인터뷰를 요청했고, 김범수 의장은 싫은 내색 한 번 없이 받아줬다. 덕분에 김범수라는 인물을 심층 인터뷰해서 쓰는 유일한 책이 세상에 나올 수 있게 됐다.

이 자리를 빌려 꼭 감사드리고 싶은 사람들이 있다. 천양현 코코네 회장은 김범수 의장의 가장 친한 친구이자 오랫동안 알아온 사람으로서 그에 대한 좀 더 개인적인 이야기들을 들려줘 이 책을 집필하는 데 많은 도움을 줬다. 이제범 카카오 대표와 박용후 카카오홍보이사는 객관적이고 정확한 정보를 전달해줬다. 전제완 유아짱 사장은 인터넷과 게임 산업의 격변기에 대한 생생하고 재밌는 이야기로 이해를 높여줬다. 인터뷰에 응해줬던 삼성SDS와 NHN 직원들에게도 감사드린다.

우여곡절에도 책의 편집을 맡아주신 다산북스 편집팀과 집필 과정 중에 직접 찾아와 책의 방향을 놓고 진지한 토론을 이끌어주신 김선식 다산북스 대표님께 감사의 말씀을 드리고 싶다.

기자 생활 초년병 때부터 '한 사람의 일생에는 세상의 모든 이야기가 담겨져 있다'는 생각으로 사람 이야기를 쓰는 데 주력했다. 순조롭게 성공했던 이야기보다 좌절하고 힘들게 고비를 넘으며 어렵게 성공한 진짜 이야기를 찾으려고 노력했다. 이것이 제대로 반영됐는지에 대한 판단은 이제 독자에게 맡기겠다.

이 책은 가족들의 전폭적인 지지와 격려가 없었으면 나오기 힘들었다. 사랑하는 아내 경하와 딸 해나, 아들 요나에게 이 책을 바친다.

임 원 기

Contents

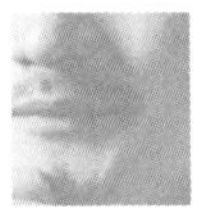

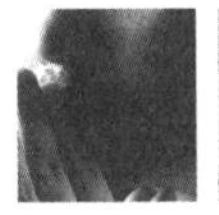

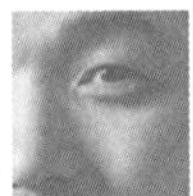

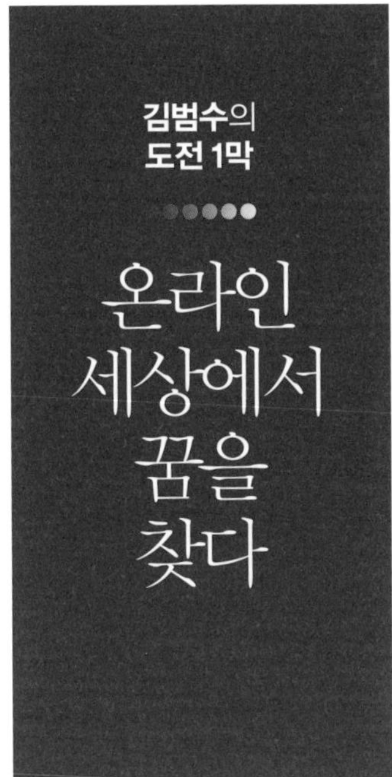

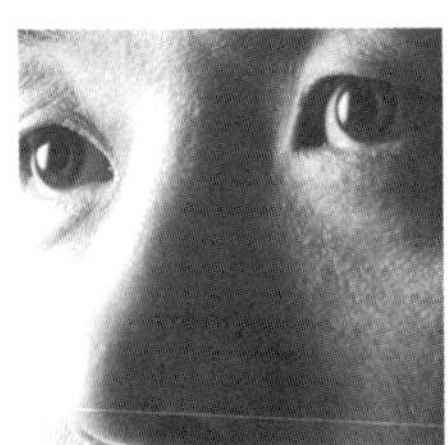

김범수가 지나온 과거 ◢ 세상을 다른 관점으로 보는 눈을 키우다 ● 122

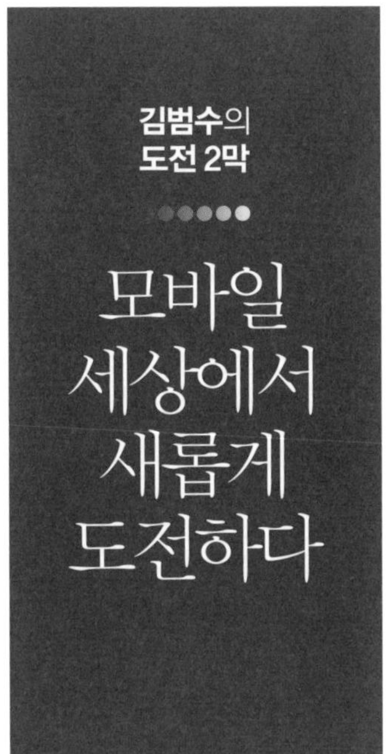

김범수의
도전 2막

모바일
세상에서
새롭게
도전하다

왜 지금 김범수인가

대한민국 역사를 통틀어 가장 짧은 시간에 가장 많은 회원을 모은 서비스는 뭘까? 아마도 네이버 같은 포털 사이트를 떠올리는 사람이 많을 것이다. 2010년 이전에 이 질문에 대한 대답은 한게임이었다. 1999년 말에 첫 서비스를 시작한 한게임은 3개월 만에 100만 명의 회원을 모았다. 그리고 1년 반 만에 회원 수 1,000만 명을 돌파했다.

2010년 이후엔 이 질문에 대한 답이 카카오톡으로 바뀌었다. 카카오톡은 서비스를 시작하자마자 회원 수가 급증해 1년 만에 1,000만 명을 모았다. 한게임이 1년 반 만에 세웠던 기록을 카카오톡이 뛰어넘었다. 약 2년 정도가 지난 시점에는 회원 수가 4,200만 명에 육박하는 글로벌 서비스로 성장했다.

10년 차이를 두고 나타난 두 서비스는 놀랍게도 한 사람에 의해서 만들어졌다. 그 사람이 바로 김범수다. 한 사람이 10년 만에 인터넷 산업을 바꿀 만한 큰 혁신을 두 차례나 어떻게 일궈낼 수 있었는지 궁금하지 않을 수 없다. 한게임으로 크게 성공한 사람이 왜 그것에 만족하여 안주하지 않고 계속 도전에 나섰는가. 왜 계속 생각을 새롭게 하고 세상을 변화시키겠다고 노력하는가. 위기에 처할 수 있고, 또 실패할 수도 있음을 알면서도 왜 계속 도전했는가. 김범수가 거둔 성공의 성과들보다 더 궁금한 이야기들이다.

김범수를 비롯한 창조자나 혁신자들에게는 공통점이 있다. 그들은 자기 자신에 대한 지속적인 성찰, 내면과의 싸움, 그리고 자신에 대한 용서와 사랑을 원천으로 용기를 내고 끊임없이 도전에 나선다. 김범수도 그랬다. 그러하기에 창조와 혁신을 위해 사람에게 가장 필요한 것은 꺾이지 않는 용기와 부단한 도전이라 할 수 있다.

김범수는 이제 꽤나 알려졌지만 아직은 진부하지 않은 인물이다. 그의 자세한 이야기들이 아직 공개되지 않았기 때문이다. 나는 이 책을 통해 그의 진짜 이야기를 다루고 싶었다. 김범수가 이뤄낸 성과보다 그 과정에서 그가 생각한 것들, 그를 둘러싼 환경들, 그의 숱한 고민과 결단, 그로 인해 생긴 변화 등을 담아내려고 했다.

　김범수라는 인물은 매우 흥미로웠다. 김범수는 해방 이후 산업화 시기의 1세대 창업주들과는 확실히 다른 인물이다. 어렵게 성장한 과정은 비슷하지만 '처절하다'는 느낌은 없다. 역경이 있었지만 현명하게 극복했고 자신을 찾기 위해 노력했다. 해방과 전쟁이라는 곤궁한 시대에 성장한 1세대 창업주들 중에는 모든 것을 버리며 오직 성공만을 위해 달려간 인물들이 많다. 그러나 우리의 인생 대부분은 결코 그렇게 극단적일 수 없기 때문에 나는 김범수가 가까이 느껴졌고, 그 삶이 좋았다. 그러나 김범수는 최근의 젊은 벤처 기업가들과도 다른 면이 있다. 그는 좀 더 전통적인 가치를 중시한다.

　그의 이야기는 여전히 현재 진행형이다. 그가 세운 한게임이 여전히 성장하고 있으며, 카카오톡은 아직 뻗어나가야 할 길이 많이 남아 있다. 김범수라는 한 인간의 인생처럼, 그가 만든 회사들이 성장하는 과정도 한 편의 인생 이야기 같다. 회사의 탄생과 성장, 좌절, 성공 과정은 사람의 인생과 너무나 닮아 있다.

　이 책은 결코 김범수가 벤처 기업가로 성공해 돈을 많이 벌었다는 이야기가 아니다. 물질적 부는 부수적인 결과물에 지나지 않는다. 이 책은 김범수의 '창조적 혁신과 도전'에 대한 이야기다. 창조와 혁신은 근래에 사회와 기업이 풀어야 할 가장 중요한 과제이며, 젊은 세대가 갖춰야 할 가치다. 이 책은 창조적 혁신 그 자체뿐만 아니라 그것을 통해 놀라운 성과를 만들어낸 김범수의 인생을 조망하는 데 초점을 맞췄다. 김범수의 인생 이야기는 삶의 숱한 선택 속에서 방황하고 고민하는 젊은이들에게 선택과 실현 방법에 대한 하나의 중요한 모델을 제시해줄 것이다.

청년 실업이 사상 최대에 이르렀다. 허탈감과 좌절감을 넘어 분노, 울분에 찬 젊은 세대, 청년들에 대한 우려가 어느 때보다 높은 시대다. 다들 청년들에게 힘내라고 말한다. 아픈 게 당연하다고 한다. 현상을 받아들이라고 할 뿐, 이 현실을 어떻게 헤쳐나가야 하는지 방법을 말하고, 그 길을 제시해주는 이를 찾기 어렵다. 김범수는 자신의 인생을 통해 청춘들에게 해답을 준다. 그것은 위로가 아니다. 그가 자신의 행보로 보여주는 인생의 답은 구체적이다.

김범수의
도전 1막

온라인 세상에서 꿈을 찾다

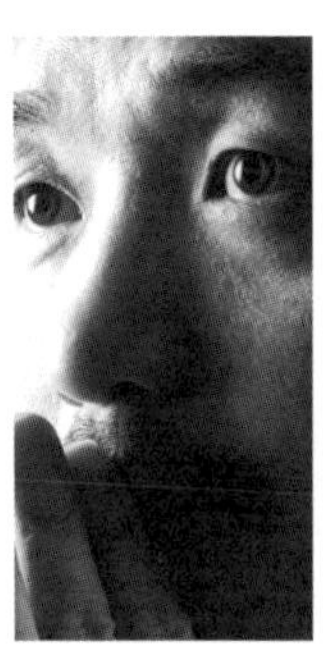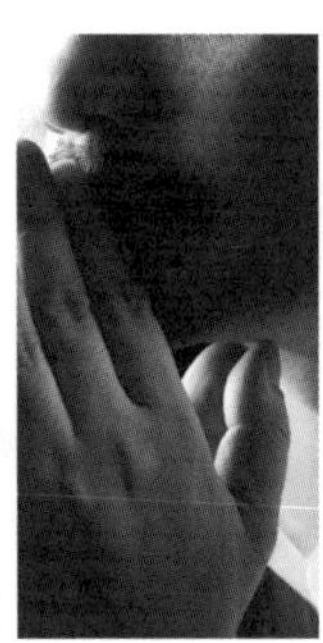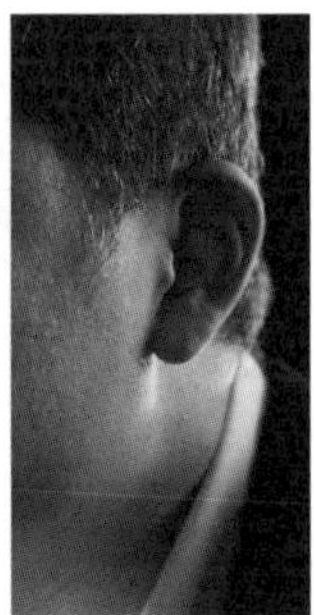

김범수는 자신이 무엇을 할 수 있는지 생각했다. 이미 만들어진 물건을 파는 것보다는 사람들에게 팔릴만한 물건을 만드는 것에 훨씬 관심이 있었다. 그는 창조자가 되고 싶은 열망이 강했다.

1장

내 젊음에 묻다

후배 하숙방에서
처음 만난 PC통신

20대 초반, 아직 뚜렷하게 목표하는 바를 찾지 못하고 당장 무엇을 해야 할지 모르던 시절이었다. 그러나 대학생 김범수는 낙천적이었다. 등록금과 생계를 위해 아르바이트를 했다. 아르바이트로 모은 돈으로 AT급 조립 컴퓨터를 샀다. 그때가 1987년이었다. 개인용 컴퓨터가 이제 막 상용화되기 시작할 때였다. 김범수는 조립을 마치고 설레는 마음으로 컴퓨터를 켰다.

"이거 뭐 이래?"

컴퓨터를 켰지만, 별로 할 게 없었다. 명령어를 여러 차례 입력하는 수고를 해서 들어가봤자 별 재밌는 프로그램이나 콘텐츠가 없었다. 공대생 김범수는 파란색 도스(DOS) 화면을 앞에 두고 멍하니 보고 있을 수밖에 없었다. 당시에는 컴퓨터로 즐길 수 있는 콘텐츠 서비스가 없었고, 무엇보다 컴퓨터를 하는 것 자체가 너무 어려웠다. 공대생조차 어려워할 정도였으니 일반인들에게는 더욱 어려웠다. 아르바이트로 힘들게 돈을 모아 샀지만 김범수에게 컴퓨터는 복잡한 기계 장치 이상의 큰 인상을 남기지 못했다.

대학 시절 김범수는 낯을 가리는 편이었지만 친한 친구들과는 곧잘 어울렸다. 김범수는 친구들과 술자리를 종종 가졌다. 계속 게임을 하며 술을 마시는 호탕한 모습에 그에게는 '킹 오브 게임(king of game)'이란 별명이 붙었다.

김범수는 대학을 졸업하고 곧바로 대학원 석사과정에 진학했다. 그때까지만 해도 큰 목표가 없었다. 그러나 변화의 시기는 다가오고 있었고, 어린 시절부터 '다르게 보기'에 능숙했던 김범수의 생각이 빛을 발할 때가 가까워졌다.

김범수는 어느 날 대학 후배의 하숙집에 갔다가 컴퓨터로 통신하는 모습을 처음 봤다. 파란색의 접속 창에 아이디를 입력하고 엔터 키를 눌렀더니, '삐익 삐익 디디디디' 하는 연결 신호음이 울리면서 새로운 화면이 열렸다. 일찍이 컴퓨터를 접했지만, 김범수는 컴퓨터에 대단한 인상을 받지 못했다. 하지만 PC통신은 달랐다. 그 작고 네모난 창 안에서 마치 새로운 세상이 열리는 것 같았다.

"이게 뭐야, 대체?"

"아, 선배 이거 처음 보셨죠? PC통신 서버에 제가 BBS(전자게시판)를 만들어 놓은 거예요. 여기에 글도 올릴 수 있고, 여기에 들어오는 사람들과 채팅도 할 수 있어요. 다른 사람들에게 자료를 요청하면 올려주고 그걸 다운받아서 쓰기도 해요."

"사람들이 여기에 글을 올리고 채팅을 한다고? 그런 상호작용이 일어날 만큼 사람들이 많이 들어오는 거야?"

"뭐 아직은 그렇게 사용자가 많지는 않지만, 그래도 운영할 만큼은 들어와요. 저는 이걸로 돈도 번다니까요."

후배는 당시 PC통신의 인기 서비스였던 사설 BBS를 운영하고 있었다. 단순한 취미 활동 정도가 아니라 일종의 사업으로 운영했다. BBS는 네트워크상에서 벌어지는 최초의 자료 공유이자, 쌍방향 커뮤니케이션의 시도였다. 온라인 채팅, 게시판, 자료실 등을 갖춰 놓으면 사람들이 저절로 모였다. 이제는 어느 사이트든 누구나 들어가 쉽게 게시판을 만들고 이용할 수 있지만, 당시 사람들은 이런 자료실을 쓰기 위해 돈을 지불해야 했다.

PC통신을 처음 접한 김범수는 그 세상이 신기하고 놀라웠다. 어린 빌 게이츠가 처음 컴퓨터를 접하고 그 매력에 푹 빠져 야밤에 학교 컴퓨터실에 몰래 들어갈 정도로 몰입했듯, 김범수도 PC통신의 매력에 빠져 정신없이 몰입했다. 그는 새로운 세상에 대해 배우기 위해 3개월여 동안 후배의 하숙집에 붙어살았다. 이것이 하나의 사업 모델이 될 수 있다는 것을 직접 목격한 김범수는 가슴이 뛰고 흥분됐다. 공간 제약이 없는 온라인 세상은 새로운 가능성들이 무궁무진했다. 김범수는 PC통신으로 돈을 버는 것보다 이 새로운 세상 다음에 어떤 세상이 열릴지가 더 궁금했다.

김범수는 이 신선한 충격을 좀 더 파고들기로 했다. 대학원 논문의 주제도 PC통신 분야로 바꿨다. 당시 PC통신은 전화 모뎀을 연결해서 접속해야 했다. 김범수는 모뎀을 연결한 후 신호음이 날 때까지 기다려야 하는 시간을 대학원 논문 주제로 삼았다. 'PC통신에서 모뎀의 접속 대기 시간에 대한 수학적 연구'가 김범수의 논문 주제였다. 통신 모뎀의 접속 대기 시간을 줄일 수 있는 방법을 수학적으로 접근해 확률 계산을 했다.

김범수는 이 주제로 논문을 작성하면서 학교에서 화제가 됐다. 당시만 해도 지극히 현실적인 주제를 갖고 논문을 작성하는 경우가 드물었기 때문이다. 학교에서는 논란이 됐지만, 김범수는 논문을 작성하며 PC통신의 원리에 정통하게 됐다.

졸업을 앞둔 김범수의 취업 기준은 딱 한 가지였다.

'컴퓨터를 원 없이 쓸 수 있는 회사에 취직하자.'

김범수는 이 새로운 세계를 충분히 더 알아볼 기회를 어디에서 얻을 수 있을지 생각했다. 결국 IT(정보기술) 분야로 진로를 결정했다. 1990년을 전후하여 국내에서는 개인용 컴퓨터가 보급되기 시작했다. 특히 1992년은 팀 버너스 리가 월드와이드웹을 선보이면서 컴퓨터 간의 통신을 뛰어넘는 광범위한 웹 세상이 한창 만들어지던 때였다. 컴퓨터는 일반 가정에 빠른 속도로 보급되고 있었고 컴퓨터 프로그래밍에 대한 관심은 급속도로 확산됐다.

김범수는 전공만 놓고 보면, 전산학과 학생들보다는 컴퓨터를 하기에 불리한 위치에 있었다. 김범수의 전공은 산업공학으로 전산학과와 달리 컴퓨터 프로그래밍은 필수 과정이 아니었다. 산업공학과 졸업생의 대부분은 제조업 분야에 취직했다. IT 분야에 가더라도 전공과 직결되는 장치 산업에 취직하는 것이 일반적이었다.

김범수는 다른 길을 택하기로 했다. 시대의 흐름이 '장치'보다 '프로그래밍'에 닿아 있다고 생각했다. 그는 세상의 큰 흐름 속에서 자신을 시험해보고 싶었다. 진로는 컴퓨터공학이나 전산학을 전공한 학생들이 주로 가는 IT 분야로 택했다. 1992년 대학원을 졸업한 김범수는 바로 삼성SDS에 취직했다.

당시 삼성SDS는 PC통신 관련 사업을 대비하면서 PC통신을 기술적으로 이해하는 사람을 필요로 하고 있었다. 비전공자였던 김범수가 삼성SDS에 취직하는 데는 대학원 논문을 쓰며 PC통신을 파고들었던 게 장점으로 작용했다.

국내 최대 시스템통합(SI) 업체에 취직했지만, 김범수에게는 아직 자신이 무엇을 해야 할지 뚜렷한 확신이 없었다. 머릿속에서는 사설 BBS를 만들어 활용하던 후배의 모습이 계속 떠올랐다. 자신이 언젠가 온라인 세상에서 뭔가 하기 위해서는 그 분야에 대해 좀 더 알아야겠다는 생각을 막연히 했을 뿐이었다.

'분명 온라인 분야의 일이 크게 주목받게 될 텐데……, 이 업계에서 내가 뭘 할 수 있을까?'

김범수는 자신이 무엇을 할 수 있는지 생각했다. 마케팅이나 영업은 자신에게 맞지 않았다. 낯가림이 있어 사람에게 다가서는 것을 주저하는 성격이었기 때문이다. 성격 탓도 있지만, 김범수는 사람들에게 다가가 이미 만들어진 물건을 파는 것보다 사람들에게 팔릴 만한 물건을 만드는 데 관심이 더 많았다. 김범수는 창조자가 되고 싶은 열망이 강했다.

김범수는 기획과 개발 영역의 능력을 갖춰야겠다고 생각했다. 독학으로 프로그래밍을 배웠다. 짧은 시간 동안 배울 수 있는 것은 베이직과 C 언어 정도였다. 하지만 이때의 결정은 훗날 그가 기업가로 성장하고 아이디어를 계속 낼 수 있게 하는 든든한 밑거름이 됐다.

독학으로 프로그래밍을 배우기 시작한 지 6개월여가 지났을 때였다. 필수적인 프로그래밍은 다 배우고 실전에 적용해보고 있는 단계였다. 그때 회사에서 그의 관심을 끄는 공고가 붙었다.

'소프트웨어 개발 가능한 인재 모집'

당시 삼성SDS는 PC통신 사업 진출을 확정하고 이를 위해 사내 TFT(태스크포스팀)를 모집하고 있었다. 소프트웨어 개발자가 필요한 것도 이 때문이었다. 김범수는 잠시도 주저하지 않고 TFT에 지원했다. 시대의 변화를 예측하고 준비하며 기다리던 김범수에게 온 절호의 기회였다. TFT에서 김범수는 소프트웨어 개발 업무를 담당하게 됐다. 그러나 처음부터 김범수가 뛰어난 활약을 한 것은 아니었다. 김범수와 함께 팀원이 된 동기들 중에는 프로그래밍에 있어 내노라하는 고수들이 많았다. 이제 막 프로그래밍을 배워야 하는 김범수가 이들을 따라가기에는 막막했다.

그는 6개월 후를 생각해봤다. 6개월 후 남들보다 뛰어난 경쟁력을 가질 수 있는 것이 무엇일까 고민했다. 그때 '윈도우가 뜰 것'이라는 생각이 들었다. 김범수는 프로그래밍의 기본을 다 건너뛰었다. 온라인 개발자의 기본 언어인 C++를 파고들었다. 6개월 후 김범수는 회사 내에서 강사로 활동할 만큼 발전했다. 그의 예상대로 6개월 후 컴퓨터 업계의 패러다임이 바뀌었고, 동료들에게 뒤처지던 그가 오히려 동료들 앞에서 강의할 정도로 앞서나가게 됐다.

김범수는 이 팀에서 3년 동안 프로그램 개발부터 기획, 설계, 정보기획, 유통에 이르기까지 전 과정을 두루 배웠다. 엔지니어 출신이 개발은 물론 기획, 마케팅까지 모두 경험하는 것은 흔치 않은 기회였다.

이 팀에서 김범수가 만든 것은 클릭만으로 모든 것을 처리하는 전용 에뮬레이터(emulator) 기반의 PC통신 서비스인 유니윈

(UNIWIN)이었다. 아메리카 온라인(AOL)을 모델로 삼은 이 서비스는 1996년 첫 선을 보인 뒤 폭발적인 반응을 얻었다. 유니윈은 출시하면서 유니텔로 이름을 변경했다.

유니텔의 가장 큰 장점은 '쉽다'는 것이었다. 김범수가 유니텔을 만들면서 가장 신경을 쓴 점도 바로 이것이었다. 그는 처음 컴퓨터를 접하면서 자신이 했던 생각을 떠올렸다. 컴퓨터 앞에서 허탈하고 난감했던 그때, 김범수는 중요한 기준 하나를 세웠다. '쉬워야 한다'는 것. 세 살짜리도 직감적으로 쓸 수 있을 만큼 쉽게 만들자는 것이 그의 첫 번째 원칙이었다.

쉽다는 것에 사람들은 열광했다. 당시 PC통신 서비스들은 텍스트 위주로 돼 있어 잘 모르는 사람이 접근하기에 복잡하고 어려웠다. 유니텔은 PC통신 사업자 가운데 가장 늦게 출발했지만, 쉽다는 장점을 내세워 천리안, 하이텔이 위협을 느낄 정도로 급성장했다. 청소년부터 주부, 노인층까지 쓰는 데 아무 불편이 없을 정도로 쉬웠기 때문이다.

유니텔을 담당하면서 그는 자연스럽게 온라인 서비스의 속성, 특히 사용자의 속성에 대한 다양한 경험을 쌓았다. 지금은 쉬워야 한다는 것이 IT 분야의 절대 진리처럼 널리 퍼져 있지만 2000년대 초까지만 해도 그렇지 않았다. IT 분야라고 하면 좀 어려운 게 일반적이었고 사람들이 잘 몰라야 오히려 자연스럽다고 생각하는 경향마저 있었다. 김범수는 사람들과 다르게 생각했고, 이 생각을 개발하는 과정에 원칙으로 적용했다. 김범수에게 사용하기 쉽게 만든다는 것은 단순히 디자인이나 화면 구성의 문제가 아니었다. 서비스를 만들고 개발하는 전 과정에 그 생각을 펼쳐냈다. 그것은 일종의 서비스 철학이었다.

유니텔의 성공,
즐겁게 시작됐다

당시 PC통신은 천리안, 하이텔, 나우누리가 이미 대중들에게 알려진 상황이었다. 유니텔은 후발 주자였기 때문에 먼저 사람들에게 널리 알리는 것이 중요했다. 유니텔은 출시 기념 이벤트로 'OX 퀴즈'를 진행했다. 퀴즈는 한 번만 읽어봐도 누구나 맞힐 수 있을 만큼 쉬웠고 O와 X 중에서 답을 클릭만 하면 됐다. 그리고 답을 맞히면 경품을 지급하는 방식이었다. 이 단순한 이벤트에 무려 7만 명이나 몰렸다. 당시 PC통신이 지금의 인터넷처럼 대중화된 것이 아니었다는 점을 감안하면 그 숫자는 엄청난 것이었다. 사람들이 몰리는 것을 보면서 김범수는 아이디어 하나를 떠올렸다.

'온라인에서 남녀노소 가릴 것 없이 다양한 계층의 사람들이 재밌게 즐기는 놀이동산을 만들어보면 어떨까?'

PC통신을 통해 게임을 응용한 다양한 이벤트가 열렸지만 본격적으로 게임이 대중화되지 않은 때였다. 당시 게임은 엔터테인먼트 중에서도 가장 천대를 받았다. 기본적으로 중독이라는 속성을 가졌다는 점 때문에 게임장은 마치 도박장과 비슷한 취급을 받았다. 이런 사회적 선입견이 있었지만, 김범수는 게임을 다른 눈으로 봤다. 김범수는 인터넷을 이용해 어느 누구라도 게임을 건전하게 즐길 수 있도록 한다면 독창적인 사업 아이템이 될 수 있다고 생각했다. 아이디어를 떠올린 김범수는 회사에서 어떻게 이 사업을 실행할 수 있을지 고민하기 시작했다.

김범수는 삼성SDS에서 5년 가까이 근무했다. 유니텔을 성공적으로 이끌었지만, 회사 안에서 새로운 사업을 실행한다는 것은 여전히 제약이 많았다. 새로운 사업은 언제 어떤 결과가 나올 지 알 수 없다. 그런데 회사는 새 사업이 성공할 때까지 느긋하게 오래 기다려줄 수 있는 곳이 아니었다. 특히 게임은 당시 변변한 사업 분야로 형성돼 있지 않았다. 속칭 맨땅에 헤딩을 해야 하는 사업이었다. 정보 시스템 분야에서 안정적인 매출을 올리고 있는 회사에서 굳이 그런 모험을 할 리 없었다. 여러 측면에서 고심한 끝에 김범수는 '내 힘으로 처음부터 시작해야겠다'는 결론에 이르렀다. 그리고 회사를 나오기로 결심을 굳혔다.

삼성SDS 퇴사를 결심할 당시 김범수는 결혼을 해 가정을 꾸리고 있었고 아들이 태어난 지 얼마 안 된 시점이었다. 그의 수중에는 돈이 한 푼도 없었다. 대기업 삼성SDS를 다녔지만, 그 월급은 결혼자금과 생활비, 양육비를 대는 데 다 썼다. 그의 상황은 평범한 샐러리맨의 상황과 크게 다르지 않았다. 하지만 그는 결단을 내렸고, 빈손으로 시작하는 것을 선택했다.

김범수에게 한게임에 대한 구체적인 계획이 떠오르기 전이었다. 다만 인터넷 세상에서 네트워크로 연결된 사람들이 함께 즐기는 게임이 크게 성공할 것이라는 예감이 있을 뿐이었다. 더군다나 인터넷은 공간의 제약을 받지 않기 때문에 국내시장뿐 아니라 글로벌 시장에서도 충분히 승산이 있는 서비스였다.

그는 누구나 즐겁고 재밌게 사는 온라인 세상을 꿈꿨다. 김범수는 자신의 꿈과 게임에 대한 자신만의 관점과 발상의 전환을 믿고 삼성SDS를 나왔다.

천리안 VS 유니텔,
'클릭 한 번'으로 히트하다

"타도 천리안!"

1996년 1월 10일. 김범수, 남궁훈 등 삼성SDS 직원들이 PC통신 서비스 유니텔 오픈을 하루 앞두고 조촐한 저녁 식사를 했다. 목표는 1년 전 처음 팀이 꾸려졌을 때와 같았다. PC통신 시장의 절대 강자인 천리안을 이겨보자는 것. 이들은 '타도 천리안!'으로 건배사를 대신했다.

유니텔은 처음부터 천리안을 목표로 하고 나온 서비스였다. 1986년 데이콤이 처음 선보인 천리안은 1990년대 중반까지 국내 최대의

PC통신 서비스였다. 1987년에 한국경제신문이 한경 케텔(KETEL)이라는 서비스를 선보였고 1992년에는 한국통신과 합작해 하이텔을 출시했다. 뒤이어 1994년 나우누리가 등장해서 PC통신 서비스 경쟁은 3파전 양상을 띠었지만 천리안의 지위는 변함이 없었다.

1994년 한국통신이 코넷(KORNET)이라는 인터넷 상용 서비스를 시작하면서 시장 환경의 변화가 예상됐지만 느린 인터넷 연결 속도와 부족한 데이터, 접속 환경 제한 등은 여전히 문제였다. 그로 인해 대부분의 사람들은 천리안을 통해 사이버 세상에서 사람들과 만나고 있었다.

삼성SDS가 대기업이기는 했지만 이미 시장은 천리안과 하이텔, 나우누리 등 선발 주자들이 절대 다수를 장악한 상황이었다. 삼성SDS로서는 이들에 비해 너무 늦게 시장에 뛰어들어 별 승산이 없어 보였다. 이런 녹록치 않은 환경에서 PC통신 서비스 개발과 기획을 맡은 유니텔 개발팀에게 가장 중요한 것은 어떻게 차별화를 하느냐는 것이었다.

김범수는 현재의 상황을 찬찬히 생각해봤다. 개인용 컴퓨터는 이

전보다 대중화됐지만, 그 확산 속도가 아직 빠르지 않았다. 인터넷에 접속하는 것도 한참을 기다려야 했다. 하지만 중요한 변화가 있었다. 컴퓨터 환경이 도스에서 윈도우로 바뀌고 있었다. 특히 윈도우95가 나오면서 대대적인 흐름 변화가 예상됐다. 김범수는 이 점에 주목했다. 변화된 컴퓨터 환경에 최적화시키면 확실한 차별화가 가능할 것이라고 생각했다.

김범수가 속했던 유니텔 개발팀은 윈도우 환경이라는 새로운 시스템에 승부를 걸기로 했다. 윈도우는 GUI(그래픽유저인터페이스) 기반으로 하는 시스템으로 애플의 스티브 잡스가 컴퓨터에 도입한 방식이었다. 지금은 누구나 다른 방식을 생각하기 힘들 정도로 윈도우가 일반화됐지만 명령어를 기반으로 하는 도스를 사용했던 당시에는 낯선 시스템이었다.

잡스는 제록스기술연구소에서 마우스를 이용한 GUI를 처음 봤다. 여기서 영감을 받은 잡스는 1984년 매킨토시 컴퓨터를 출시하면서 GUI를 적용해 세상에 충격을 안겨줬다. 마이크로소프트의 윈도우95는 그 후로 무려 11년 후에나 나온 셈이다. 하지만 국내 대부분의 사용자들은 애플의 제품을 제대로 접해보지 못한 상황이었다. 지금도 그렇지만 그때는 대부분의 컴퓨터가 IBM 호환 기종에 마이크로소프트의 도스나 윈도우를 기반으로 작동되고 있었다.

삼성SDS는 유니텔에 GUI를 적용하기로 했다. 명령어를 입력해야 하는 불편한 도스 방식이 아닌 GUI, 쉽게 말해 아이콘을 클릭해 컴퓨터를 사용하는 방식이 대세가 될 것이라고 판단했기 때문이었다. 그렇게 해서 유니텔의 전용 클라이언트 프로그램 유니윈이 탄생했다. 유니윈은 부가적인 효과도 가져다줬다. 당시 천리안과 하이텔 나우누리 등은 접속할 때 VT 방식을 썼다. 즉 '이야기'나 '새롬데이타맨'과 같은 별도의 프로그램을 통해 접속해야 했다. 하지만 독자적인 클라이언트 프로그램을 가진 유니텔은 정체성 측면에서도 차별화를 할 수 있었다. 그 덕에 예쁘고 편리한 초기 화면이라는 평가를 얻으며 시장에 수월하게 진입할 수 있었다.

유니텔은 UI의 개선만으로 승부를 보려고 하진 않았다. '인터넷의 대중화 시대를 선도하겠다'는 것이 유니텔이 내세운 또 다른 전략이었다. PC통신 시절 사용자들이 가장 많이 걱정했던 것은 사용료였다. 전화 모뎀을 통해 접속을 했던 PC통신은 종량제(쓰는 만큼 요금을 내는 방식)였기 때문에 많이 쓰면 요금 폭탄을 걱정해야 했다.

유니텔은 이런 사용자들에게 '3시간 인터넷 무료'라는 프로모션을 들고 접근했다. 사용자들의 폭발적인 반응이 나오는 것은 당연했다. 때마침 유니텔 채팅을 통해 서로 만남을 이어가는 내용의 영화 「접속」이 크게 인기를 끌면서 유니텔의 인지도 향상에 영향을 줬다.

유니텔은 1996년 1월 11일 첫 서비스를 내놓은 지 2년 9개월 만에 가입자 100만 명을 돌파했다. PC통신 서비스 가운데는 최단기간에 달성한 가입자 수였다.

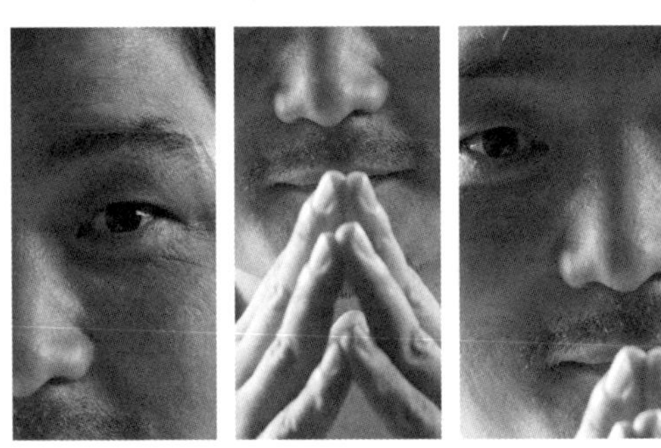

"지금이 마지막 기회다. 다시 오지 않을 기회다. 우리 다 같이 여기에 승부를 걸어보자."
IMF 체제로 여전히 어려운 상황이 계속됐지만 김범수는 꿈을 버리지 않았다. 오히려
열정은 뜨거워졌고 각오는 단단해졌다.

2장

부딪쳐야 이루어진다

마이너스 통장 하나 들고
PC방을 열다

게임으로 누구나 즐거워지는 세상을 만들어 글로벌 비즈니스 아이템으로 성공시키겠다는 큰 꿈을 갖고 회사를 나올 때 김범수는 경험적인 측면에서 대한민국의 누구보다 준비된 사람이었다. 삼성 SDS에서 일했던 5년 동안 유니텔을 서비스하면서 PC통신의 이용자, 즉 온라인 사용자의 습성을 속속들이 간파하고 있었고 프로그램 개발은 물론 고객 대응 방법까지 PC통신의 모든 서비스를 경험한 상태였다. 그는 스스로 프로그래밍까지 할 줄 아는 기획자였고, 운영자였으며 유지와 보수도 할 수 있었다. 여기에 고객 대응이나 마케팅 경험까지 갖고 있었다. 무엇보다 삼성SDS에서 같이 일했던 개발자 문태식과 함께였다.

문태식은 삼성SDS에서 빌딩 관련 시스템통합 사업 중 하나인 주차 관리 프로그램을 설계한 인물이다. 김범수는 회사에 있을 때 그를 잘 알지 못했다. 김범수가 함께 창업을 하려고 생각했던 인물은 원래 다른 사람이었다. 그 사람에게 함께 나가서 창업을 하지 않겠냐고 제의했더니 그는 자신의 친한 동료인 문태식과 상의했다. 이야기를 듣던 문태식은 "그거 내가 해보고 싶은데?"라며 그 친구 대신 자신이 김범수와 함께 삼성SDS에서 나왔다. 두 사람의 결합은 친분이 아닌 전형적인 사나이끼리의 의기투합이었다.

문태식은 삼성SDS에서도 실력을 인정받던 엔지니어였다. 김범수는 자신의 PC통신 분야의 경험과 문태식의 프로그램 개발 실력이 더해지면 큰 돈을 들이지 않고 사업을 할 수 있으리라 생각했다.

김범수는 1997년 가을에 사무실을 열고 의욕적으로 온라임게임 개발에 나섰다. 그러나 시대적 상황이 그를 도와주지 않았다. 그해 겨울 외환위기가 찾아왔기 때문이다. 한국이 처음으로 겪는 외환위기는 혹독했다. 삼성SDS에 사표를 던지고 나왔을 때 그가 수중에 갖고 있던 돈은 500만 원이 전부였다. 그나마 이 돈도 마이너스 통장으로 마련한 것이었다. 다행히 아내가 조금 모아둔 돈이 있었지만 그가 생각하고 있는 사업을 하기엔 턱없이 부족한 액수였다. 이런 상황에 IMF(국제통화기금) 시대가 됐다. 김범수는 물론 처음 사업을 시작하는 사람들은 배겨낼 재간이 없었다. 돈을 조금만 빌려도 이자가 눈덩이처럼 불어났다.

처음엔 그럭저럭 버텼지만 돈줄이 마르자 다이렉트마케팅 회사를 다니던 아내도 투입됐다. 아내가 사무실에서 밥을 해 직원들의 식사를 해결했다. 3평 남짓한 사무실에서 모든 직원이 동거동락했다. 하지만 월급을 제대로 지급하지 못하다 보니 하나둘씩 퇴사하고, 1998년 여름에는 문태식만 남았다. 하지만 이런 상황은 그의 승부욕을 더욱 자극했다.

위기 상황이 되자 김범수는 승부를 걸어야겠다고 생각했다. 이제 더 이상 게임 개발에만 매달려 있을 수만은 없었다. 게임 개발을 위해 필요한 자금은 순식간에 바닥이 났다. 게임을 개발하고 자신이 하고 싶은 일을 하려면 일단 그에 필요한 돈이 있어야 했다.

그는 1998년 말 대변신을 시도했다. 이렇게 해서는 안 되겠다는 절박한 현실 인식에서 자금을 마련하기 위한 돌파구를 찾았다. 그가 찾은 돌파구는 발상부터 독특했다. 이때 김범수가 떠올린 것이 PC방이다. PC방을 직접 운영해 게임 개발에 필요한 자금을 마련하고, PC방에서 자신이 개발한 게임을 직접 테스트하려는 요량이었다.

PC방 게임이 막 뜨기 시작할 무렵이었지만, 당시 PC방은 대부분

소상공업자들이 영세하게 운영하고 있었다. 생계를 위한 자영업이 었던 것이다. 김범수 역시 당장 생계를 위해 PC방을 운영해야 하는 처지였다. 수중에 돈은 거의 없고 결혼한 지 갓 5년, 아직 어린 아들을 키우기 위해 계속 생활비가 필요했다. 큰 사업 포부를 가진 그에게도 이 상황은 절박했다. 그런데 그는 마치 여유를 부리듯 판을 크게 벌였다.

"PC방을 하려면 근처 상권을 완전히 장악할 정도로 해야 해. 그래야 게임 사업을 위한 자금을 빠른 시일 내 확보할 수 있을 거야."

김범수는 PC방 창업을 위해 최소 3억 원은 있어야 된다고 생각했다. 남들이 보통 1억 원 남짓한 돈으로 시작하는 PC방 창업을 그는 3억 원을 모아 크게 열기로 했다. 우선 살고 있는 집을 담보로 돈을 빌렸다. 모자라는 금액을 채우기 위해 명동 사채시장도 기웃거렸다. 한 달여를 뛰어다닌 끝에 그가 처음 생각했던 것보다는 조금 모자라는 2억 5,000만 원 정도의 돈을 모았다.

"이만하면 됐어."

김범수는 한양대학교 앞에서 당시로서는 국내 최대 규모의 PC방을 개업했다. 그가 만든 PC방 이름은 미션넘버원이었다. 그리고 PC방을 프렌차이즈화하기 위해 미션엔터테인먼트라는 회사를 만들었다. 즐거움을 미션으로 삼고 있는 회사라는 느낌을 주는 이름이었다. 삼성SDS를 나오면서부터 그는 '전 세계 사람들이 온라인에서 즐겁게 지내는 세상을 만들자'는 생각을 하고 있었다. 이런 생각이 회사 이름에 반영됐다. 배포 두둑하게 PC방을 크게 개업했지만, 그도 PC방을 개업하는 순간이 아찔했다. 그야말로 벼랑 끝 선택이었기 때문이다.

다행히 승부수가 통했다. 이 PC방은 입소문을 타고 한양대 앞의 명소로 떠올랐다. 현금이 마구 들어오기 시작했다. 자금 압박에 시달리던 그는 겨우 한숨을 돌릴 수 있었다. 그제서야 본격적으로 본래의 사업 목적인 게임 개발을 하기 위한 방법을 고민하기 시작했다. 때마침 김범수는 게임 개발과 사업 추진에 필요한 최적의 인물을 만나게 된다. 이 인물은 훗날 한게임 성공사에서 김범수 사단의 번쾌라고 불릴 법한 활약을 하게 된다.

3평 사무실에서 시작한
인생을 건 게임

●●●●●●

PC방 사업이 안정 가도에 들어서자 김범수는 삼성SDS 시절을 함께
한 동료 남궁훈에게 연락을 했다. 남궁훈은 대학 졸업 후 바로 삼성
SDS에 입사해 유니텔팀에서 근무했던 김범수의 부하 직원이었다.

남궁훈은 김범수가 삼성SDS를 박차고 나온 뒤 얼마 안 있어 단짝
인 오 모씨와 함께 삼성SDS를 나왔다. 김범수와 남궁훈은 친밀했던
사이였지만 회사를 나오던 시기에 두 사람 사이에는 아무 교감이
없었다. 그 당시 남궁훈은 회사를 나올 뜻이 별로 없는 대기업의 평
범한 사원이었다.

역설적으로 남궁훈은 외환위기를 겪으면서 회사를 그만두게 됐

다. 당시 삼성SDS는 2,000여 명에 달하는 엔지니어 인력을 정리하는 작업을 하고 있었다. 어수선한 분위기의 회사가 싫어질 즈음 남궁훈은 벤처 기업을 지원한다는 정부 발표에 혹해 회사를 나와 자신의 사업을 하기로 결심했다.

회사를 나온 직후 남궁훈은 정부의 소호지원 제도 덕에 강남 대치동에 사무실을 얻을 수 있었다. 소호지원 제도는 1997년의 외환위기 이후 경제를 살리고 중소기업 및 창업을 지원하기 위해 정부가 만든 한시적인 제도였다. 25만 원만 내면 사무실과 컴퓨터 3대, 책상 3개, 프린터, 복사기 등 각종 사무기기 등을 지원해줬다.

남궁훈 역시 인터넷이 세상을 바꿀 것이란 신념을 갖고 있었다. 다만 그도 초기의 김범수처럼 정확히 무엇이 기폭제가 될 방아쇠 역할을 할지 모르고 있을 뿐이었다. 김범수가 게임을 사업으로 생각하고 글로벌 시장 진출의 일환으로 접근했다면, 남궁훈은 사업자적 관점보다 게임 유저 그 자체에 가까웠다. 그는 게임을 즐기는 게임 마니아였다.

남궁훈은 당시 사무실을 열어놓고 어떻게 하면 국내에 게임을 서비스하는 방법이 있을까 고민하고 있었다. 외국에서 선보였던 테트리스나 PC통신 하이텔의 고스톱 등을 하면서 '이런 게임들을 본격적으로 한국에서 온라인으로 서비스하면 대박이 날 수 있겠다'는 생각을 했다. 그가 이런 생각을 하고 있을 무렵 김범수가 연락을 했다.

"뭐하냐?"

"그냥 뭐 대치동에 사무실 차려놓고 있어요."

"나랑 같이 일하지 않을래? 일단 내가 하는 PC방으로 한번 와라."

김범수는 단도직입적으로 말했다. 남궁훈은 김범수의 전화를 받은 그다음 날 한양대학교 앞에 있는 PC방을 찾아왔다. 입구에서부터 남궁훈을 사로잡았던 것은 미션넘버원이라는 PC방의 로고이자 상징물인 '마우키'였다. 그는 마우스를 형상화한 이 상징물을 보고 들어가기 전부터 압도당했다. 남궁훈은 김범수가 'PC방을 해도 제대로 한다'는 느낌을 강하게 받았다. 김범수의 사업 능력에 대해 믿음을 갖게 된 것이다. 김범수가 운영하는 PC방의 실체를 확인한 남궁훈은 즉석에서 합류하겠다는 결정을 내렸다.

"사무실이 어디 있다고 했었지?"

"대치동이요."

김범수는 남궁훈과 함께 대치동 사무실을 방문했다. 대치동 사무실을 본 김범수는 대뜸 한마디를 던졌다.

"우리 사무실도 이리로 옮겨야겠다."

남궁훈은 김범수의 빠른 결정에 놀랐다. 김범수는 대치동 휘문고등학교 옆에 열 평 남짓한 사무실을 열었다. 미션엔터테인먼트의

PC방 프렌차이즈 사업은 그럭저럭 되고 있었지만 본격적으로 게임을 개발하기엔 손이 모자랐다. 남궁훈의 합류로 김범수는 천군만마를 얻은 심정이 됐다.

김범수는 문태식, 남궁훈 등 다섯 명의 직원과 함께 승부를 결의했다. 아직 IMF 체제가 계속되는 상황이었다. 그러나 승부를 걸고자 하는 이들의 꿈과 열정은 더욱 뜨겁게 일어났다.

"지금이 마지막 기회다. 다시 오지 않을 기회다. 우리 다 같이 여기에 승부를 걸어보자."

김범수는 PC방을 운영해 어렵사리 마련한 사업 자금 5,000만 원을 밑천 삼아 1998년 11월 한게임커뮤니케이션을 설립했다. PC방 사업은 앞으로도 한게임이 발전하는 데 중요한 역할을 할 것이라고 생각해 섣불리 접지 않았다. 김범수는 순수하게 PC방에서 번 돈만 갖고 한게임커뮤니케이션을 운영했다.

남궁훈이 합류하기 전 김범수는 문태식과 함께 PC방 운영과는 별도로 프렌차이즈 사업의 일환으로 PC방 관리 프로그램을 만들었다. 이 PC방 관리 프로그램은 삼성SDS에서 퇴사할 때까지 삼성의료원의 주차 관리 프로그램을 만들고 이것을 관리해왔던 문태식이 만들었다. 그가 만든 PC방 관리 프로그램은 당시로는 매우 혁신적인 것이었다. 주차 관리 프로그램이나 PC방 관리 프로그램이나 비슷한 측면이 많다. 즉 입차 시간과 출차 시간에 따라 과금을 하는 것이나 PC를 사용한 시간만큼 과금을 하는 것은 비슷한 시스템이다. 김범수는 한게임커뮤니케이션에서 서비스할 게임을 준비하는 와중에 미션엔터테인먼트를 통해 계속해서 이 PC방 관리 프로그램을 판매했다. 김범수는 그 판매 중책을 남궁훈에게 맡겼다.

김범수, 문태식 등은 개발자였기 때문에 영업 전선에 뛰어들 입장이 아니었다. 문과 출신에다 대학 시절 택시 운전, 관광가이드 등의 아르바이트 경험이 있었던 남궁훈이 나설 수밖에 없었다. 남궁훈은 개발 비용 및 회사 운영 자금 마련을 위해 PC방 관리 프로그램을 팔러 하루에도 30~40곳의 PC방을 돌아다녔다. 아르바이트 직원들과 업주에게 문전박대를 당하기 일쑤였지만 남궁훈의 고생은 헛되지 않았다. 곧 미션엔터테인먼트의 관리 프로그램은 PC방 업주들에게 소문이 나기 시작했다.

한게임이 출범했지만 여전히 회사의 중심은 PC방이었다. PC방 확장을 위해 믿을만한 사람이 더욱 간절했다. 이때 사업의 전기를 마련할 중대한 상황 변화가 생겼다. 김범수가 PC방 사업으로 한참 고군분투하고 있을 때 최고의 친구가 찾아왔다. 초중고등학교를 함께 다닌 죽마고우 천양현이 일본 유학 중에 귀국한 것이다.

일본 게이오대학에서 인지언어학 석사과정을 마친 천양현은 계속 공부를 하고 싶었지만 집안 문제로 여의치 않던 상황이었다. 한국으로 돌아와 가장 친한 친구인 김범수를 만난 천양현은 벌이도 하고 경험도 쌓기 위해 김범수가 만든 미션엔터테인먼트 PC방의 자양동 지점을 맡기로 했다. 다시 만난 두 사람은 이때부터 한게임 창업을 함께하게 됐다.

100만 회원의
한게임 바로가기

PC방 사업은 대성공이었다. 문태식이 독자적으로 개발한 PC방 관리 프로그램은 남궁훈의 활약에 힘입어 주문이 넘쳐났다. 그러나 김범수의 원래 목표는 온라인게임 사업이었다. 김범수는 아내에게 PC방 사업을 맡기고 자신은 게임 개발에 총력을 기울이기로 결심했다. 6개월 동안 모든 직원이 밤낮을 잊고 온라인게임 개발에 매진했다.

김범수의 사업 모델은 단순했다. 오프라인에서 이미 대중적인 인기가 검증된 가벼운 게임을 온라인으로 제공하는 것이었다. 이를 위해 바둑, 장기부터 개발했다. 지뢰 찾기, 테트리스, 고스톱 등은 비장의 카드였다.

1999년 12월, 마침내 한게임 서비스를 시작했다. 물론 무료였다. 이때 김범수는 PC방을 적극적으로 활용해 마케팅에 나섰다. 전국에 있는 PC방에 관리 프로그램을 무료로 깔아주는 대신 한게임의 아이콘을 컴퓨터의 초기 화면에 띄우는 조건을 제시했다. PC방 관리 프로그램에 대한 입소문을 듣고 이 프로그램을 절실하게 필요로 했던 PC방들이 무료로 깔아준다는 말에 한게임을 모두 초기 화면에 띄우는 데 동의했다.

PC방을 대상으로 한 영업은 제대로 먹혀들었다. 최초의 게임포털 한게임이 처음에 큰 무리 없이 회원을 모을 수 있었던 것은 바로 PC방을 대상으로 한 영업 방식이 성공했기 때문이다. PC방 운영과 관리 프로그램 판매만으로도 안정적인 수익을 올릴 수 있는 상황에서 김범수는 자신의 꿈을 이루기 위해 관리 프로그램의 무료 제공이라는 과감한 수를 두는 선택을 했다.

PC방 영업이 어느 정도 일단락될 즈음 개발 중인 게임들이 서서히 모습을 드러냈다. 당시 미션엔터테인먼트는 고스톱, 포커, 바둑 등을 동시에 온라인게임으로 개발하고 있었는데 고스톱을 가장 먼저 서비스하기 시작했다.

김범수는 처음에 바둑이나 장기 등으로 게임 사업을 시작하려고 했다. 물론 그 역시 고스톱이나 포커 등이 대중에게 인기를 끌 것임은 짐작했다. 하지만 모든 세대를 아우르는 게임 동산을 만드는 것을 목표로 하고 있었기 때문에 처음부터 고스톱을 내세워 사업을 할 생각은 하지 않았다. 고스톱 서비스를 초기에 강력하게 밀어붙인 사람은 남궁훈이었다. 온라인게임에 대해 천부적이라고 할 정도의 감을 갖고 있는 남궁훈은 고스톱이 훨씬 대중적이어서 사용자들을 초기에 끌어모으는 데 효과가 있을 것으로 판단했다. 그 판단은 PC방을 수도 없이 들락날락거리면서 PC방 이용자들을 접했던 경험에서 나왔다. 김범수는 여러 가지를 참작해 최종 결정을 내렸다. 고스톱과 테트리스, 포커를 제일 먼저 서비스하기 시작했고 이후 바둑을 추가했다.

서비스를 시작하자마자 한게임은 급속도로 회원 수를 늘려갔다. 국내에서 가장 빠른 속도였다. 서비스를 시작한 지 한 달 만인 2000년 1월에 한게임은 한국기술투자로부터 10억 원 투자를 유치하는 데 성공했다.

온라인게임의 위력은 기대 이상이었다. 1980년대에 오락실에서 즐겼던 미니 보드게임을 온라인에서 여러 명과 함께 대전 형식으로 즐길 수 있도록 한 한게임은 PC방 사용자들의 입에 오르내리면서 서비스 개시 3개월 만에 회원 수 100만 명을 돌파하기에 이르렀다. 이것은 닷컴 비즈니스에서 사상 초유의 일이었다. 하지만 한게임은 회원 수가 빨리 늘어나는 것을 마냥 좋아할 처지가 아니었다. 회원 수가 늘어나면 그에 비례해 각종 데이터베이스(DB)도 함께 늘어나기 마련이다. 여러 회원들이 한꺼번에 접속하면 이에 대응하기 위한 서버를 확충하고 개발자와 운영자 등도 추가로 확보해야 했다. 이래저래 돈이 더 드는 일이었다.

김범수는 이때부터 위기의식을 느끼기 시작했다. 한게임의 회원 수는 하루에 10만 명씩 늘어나 곧 1,000만 명에 이를 기세였다. 그런데 기획과 영업, 빌링파트의 인력은 전무했고, 그저 서비스를 하는 쪽 인력도 고작 20명이었다. 전혀 준비가 안 돼 있었다. 게다가 한게임은 자체적으로 아직 돈을 벌지 못하고 있었다. 돌파구가 필요했다.

한게임을 이끄는 수장으로서 김범수는 회사가 성장하는 데 본인이 걸림돌이 될 수 있다는 절박감을 느꼈다. 본인 때문에 회사가 망할 수도 있다는 막중한 책임감에 잠을 이룰 수도 없었다. 그러던 중 삼성SDS에서 같이 일했던 김정호의 연락을 받게 됐다. 2000년 2월이었다.

가장 큰 문제는
문제를 알지 못하는 것

김범수와 남궁훈이 회의실에 마주 앉아 한게임의 사업 성적을 놓고 심각하게 대화를 나누고 있었다. 김범수는 자신의 의도와 다르게 흘러가는 한게임 사용자들의 게임 양상을 두고 고민하고 있었다.

"사람들이 너무 고스톱과 포커만 하네. 게임이 다양하게 많은데 그것에만 몰려. 게임의 균형을 맞추는 방법이 없을까?"

김범수는 한게임을 가족들의 온라인 놀이동산으로 기획했다. 문태식, 남궁훈, 천양현 등도 일찌감치 이에 동의한 터였다. 하지만 막상 게임 서비스를 시작하자 분위기가 달라졌다. 특히 유료화 과정이 결정적이었다. 소비자들이 쉽게 접근할 수 있는 고스톱, 포커 등 소위 고포류 게임에 돈을 쓰도록 유도하는 다양한 요소를 넣으면서 게임 사이트가 고포류 위주로 변질됐다. 소비자들도 재미 요소가 있는 이쪽으로 몰렸다. 다른 게임에도 재미 요소가 있었지만 고포류 게임의 중독성에는 훨씬 미치지 못했다. 한게임 사이트는 고포류 위주의 게임을 하는 사람들이 모여들었고 자연스럽게 실적도 모두 그쪽에서 나왔다.

"사람들이 좋아하는 것을 막을 도리는 없습니다. 소비자들의 선택인 걸요."

당시 한게임 총괄 담당 이사였던 남궁훈은 김범수의 걱정과는 달리 소비자들의 선택을 중요시했다. 소비자들이 어떻게 반응할지 모르는데 작은 문제가 있다 해서 갑자기 지금의 방식을 바꾸기는 어렵다는 것이었다.

그때만 해도 김범수에게 서비스에 대한 철학이나 분명한 원칙이 없었다. 방향을 정확히 잡고, 그 방향에 어긋나는 게 있으면 소비자들에게 양해를 구하고 바로잡으려는 노력을 할 생각을 못했다. 소비자들이 좋아하는 대로 흐름을 따라갔다. 내일이 어찌 될지 모르는 상황에서 당장 오늘 돈을 번다고 방향을 바꿀 여유가 부족했다.

원래 한게임의 최대 장점은 개별 게임 자체의 환상적인 균형이었다. 우연과 실력이 적절하게 배합돼 누구도 항상 이길 수 없고 누구도 항상 질 수 없는 시스템이었다. 그런데 게임 간 균형이 깨지면서 균열이 발생했고 한게임의 장점도 상대적으로 희석됐다.

김범수는 훗날 이 문제가 서비스 철학의 부재에서 기인했음을 인식하지 못한 것이 가장 큰 실수였음을 깨달았다. 게임 간 균형이 깨진 데 해결책을 못 찾은 게 문제가 아니라 무엇이 진짜 문제인지를 정확히 인식하지 못한 것이 가장 큰 문제였다는 뜻이다. 문제를 정확히 알지 못하니 서비스 방향이 예상치 못하게 흘러간 것은 당연했다.

모두가 의심했다. 아무도 인터넷의 유료화를 성공시키지 못했다. 아무도 해본 적이 없는 일에 김범수는 도전하고 있었다. 한게임의 유료화 과정은 인터넷으로 돈을 벌 수 있다는 것을 최초로 보여준 시도이자 실험이었다.

3장

아무도 가지 않은 길은 만들면서 가자

한게임과 네이버가
만났을 때

김정호가 김범수를 불러낸 곳은 강남역 인근의 한 술집이었다. 김범수가 도착했을 때 김정호는 이미 이해진과 함께 술잔을 기울이고 있었다. 당시 김정호는 네이버컴의 이사를, 이해진은 네이버컴의 사장을 맡고 있었다.

김범수는 이 자리에 오자마자 김정호가 무슨 이야기를 하려고 불렀는지 알아챘다. 김정호는 1999년부터 네이버컴과 한게임커뮤니케이션 합병의 이점을 계속 주장해왔다. 네이버컴이 갖고 있는 풍부한 자금력과 한게임이 갖고 있는 막강한 회원 기반을 결합해야 한다는 것이 요지였다. 김범수와 이해진은 이날의 회동으로 그동안 막연했던 두 회사의 합병에 대해 어느 정도 확신을 가질 수 있었다.

이해진은 김범수와 삼성SDS에 1992년 같은 날 입사한 동기다. 두 사람 모두 삼성SDS 소속 기술연구소에서 근무했다. 김정호는 이들보다 6개월 먼저 삼성SDS 인사팀에 입사했다. 인사 담당자였던 김정호는 이해진을 삼성SDS로 채용하는 일을 진행했던 인연으로 만나 둘이 함께 네이버컴을 창업했다.

김범수, 이해진과 같이 삼성SDS에 입사했던 동기는 두 사람을 합쳐 모두 17명이었다. 이들 중 10여 명 정도는 정기적으로 모일 정도로 계속 연락을 하며 지냈다. 두 사람은 동기라는 이유도 있었지만 무엇보다 마음이 잘 맞았다. 기술연구소에서 같이 보낸 시간이 1년이라는 비교적 짧은 기간이었음에도 불구하고 매우 친했다.

김범수의 이해진에 대한 첫인상은 샤이하지만 아주 스마트하다는 것이었다. 사람을 잘 사귀지 않는 스타일이었던 이해진은 이상하게도 김범수와는 금방 친해졌다. 이해진에게 김범수는 형 같은 사람이었다. 실제로 김범수가 이해진보다 나이가 한 살 많기도 했다.

기술연구소 이후 두 사람은 서로 다른 길을 갔다. 김범수가 PC통신 유니텔 기획 업무를 맡으면서 성장했다면 이해진은 소프트웨어 개발 업무를 하면서 성장했다. 김범수가 삼성SDS를 나와 PC방 사업을 하고 한게임을 창업하던 시기에 이해진은 네이버컴에 도전하고 있었다. 두 사람은 이래저래 비슷한 인생 곡선을 그려왔기에 종종 왕래했다. 당시 급변해가는 인터넷 산업에 대해 두 사람 만큼 이해도가 높고 필요한 주제를 즉각 이야기할 수 있을 만큼 내공이 쌓인 인물도 드물었다.

하지만 그럼에도 불구하고 네이버컴과 한게임의 합병은 김정호라는 인물이 없었다면 불가능했다. 김범수가 감성적이고 도전적이라면 이해진은 전략적이고 집중력 있는 사람이었다. 반면 김정호는 성격이 털털하고 말주변도 좋고 추진력이 강했다. 김정호는 걸출하지만 쉽게 융합하기 힘들어 보이는 김범수와 이해진을 엮어서 NHN이라는 새로운 창조물을 만들어냈다.

이해진은 한국 인터넷 사상 가장 독특한 인물 중 한 명으로 손꼽을만하다. 1986년 상문고등학교를 졸업하고 서울대학교 컴퓨터공학과에 들어간 이해진은 1990년에 서울대학교를 졸업하고 카이스트 전산학 석사과정에 입학했다. 그리고 1992년 졸업하자마자 삼성SDS 연구소에 입사한 후 1999년까지 삼성SDS에서 일했다.

이해진은 김범수와 여러 모로 대비된다. 어려운 가정환경에서 자란 김범수와 달리 이해진은 부친이 삼성 임원이었던 덕에 어려서부터 비교적 유복한 환경에서 자랐다. 청담동에서 어린 시절을 계속 보냈고, 부친의 지원으로 책값 걱정 없이 살았다. 치밀하고 꼼꼼한 그의 성격은 이런 가정환경을 기반으로 어렸을 때부터 길러진 것 같다.

카이스트에서 전산학 석사를 취득하고 소프트웨어 개발자를 꿈꾸며 삼성SDS에 입사한 이해진은 큰 불만을 품고 있었다. 기술 개발에 뜻을 갖고 입사했는데 삼성SDS는 직접 개발하는 경우가 의외로 많지 않았기 때문이다. 그러다가 삼성SDS의 기술 개발 프로그램인 한계도전팀에 지원했다. 1년간 여기서 자유롭게 기술 개발을 한 것이 그에게 전환점이 됐다.

이해진은 한계도전팀에서 근거리통신망(LAN)에서의 채팅 기술을 연구했다. 이후 이해진은 향후 인터넷의 정보 검색 분야가 각광받을 것이라는 확신을 갖게 됐다. 김범수가 PC통신을 통해 새로운 세상에 대한 확신을 갖게 되던 시점과 비슷했다. 이해진은 1994년 신입사원 몇 명을 설득해 본격적인 검색엔진 개발에 나섰다. 때마침 인터넷이 급부상하면서 1995년에 야후와 알타비스타가 검색엔진 서비스의 첫 선을 보였고, 한 해가 더 흐른 1996년에는 국산 검색 사이트인 심마니가 출현해 검색엔진에 대한 기대감이 한껏 부풀었다. 그러나 이전부터 검색엔진을 개발해온 이해진의 검색엔진 사업화 주장은 경영진에게 받아들여지지 않았다. 검색엔진 사이트의 주 수입원이 되는 배너 광고가 시장성이 없다는 이유였다.

답답함을 느끼던 이해진의 숨통을 열어준 것은 삼성SDS가 도입한 사내 벤처 제도였다. 1997년 10월 이해진은 사내 벤처 1호로 여섯 명의 개발 인력과 함께 네이버를 만들었다. 네이버의 소사장 자리는 이해진의 몫이었다.

소사장 제도는 소사장이 예산집행권과 인사권을 행사할 수 있는 혁신적인 제도였다. 그러나 대기업에 종속해 있다 보니 여전히 한계가 많았다. 마음대로 인력을 충원할 수 없었고, 다른 회사와의 제휴도 자유롭지 못했다. 특히 자유롭게 자금 제공을 받을 수 없다는 것이 가장 큰 문제였다.

1998년 12월 검색 서비스 사이트를 오픈한 상태에서 이해진은 경영진에 분사를 건의했다. 이 건의가 받아들여져 1999년 6월 독립 법인 네이버컴으로 정식 출발하게 됐다. 다행히 독립한 지 6개월 만에 IMF 체제가 끝나 상대적으로 큰 어려움을 겪지 않을 수 있었다. 그러나 독립한 네이버컴을 기다린 것은 다음, 야후, 라이코스 등 대형 포털 서비스 업체들이었다. 대기업을 모기업으로 했지만 분사해 독립 법인이 된 네이버컴은 이들과 회사 규모로 직접 상대할 수 없었다. 이해진은 이들을 압도할 수 있는 것은 기술력뿐이라고 생각했다. 그는 기술력만큼은 자신 있었다.

이해진이 김범수와 만나 합병을 논의하게 된 시점은 대형 포털 업체들과 힘겹게 경쟁하고 있던 때였다. 네이버의 검색엔진은 사용자들로부터 좋은 평가를 받고 있었지만 사용자 기반이 획기적으로 늘지 않아 고민이었다.

김범수 역시 고민이 있었다. 한게임은 하루에 10만 명씩 회원 수가 늘어나는데 이를 소화할 데이터베이스를 구축할 자금이 넉넉하지 않았다. 그러던 차에 네이버의 풍부한 자금력과 한게임의 막강한 회원 기반이 결합하면 어마어마한 시너지를 낼 것이라는 김정호의 주장은 김범수와 이해진이 듣기에 일리가 있었다. 김범수는 네이버 컴의 풍부한 자금과 인력을 활용해 폭증하는 트래픽을 소화하면서 사업을 확장할 수 있을 거라 판단했다.

이미 두 회사는 PC방 공동 마케팅을 진행해오고 있었다. 한게임을 런칭하면서 PC방 관리 프로그램과 함께 네이버 프로그램도 깔아줬던 것이다. 둘은 합병을 통해 서로의 절박한 위기 상황을 해결할 수 있을 것이라 확신했다. 세 사람은 이 회동을 계기로 네이버컴과 한게임커뮤니케이션의 합병을 합의하고 2000년 4월 27일, 공식 발표했다.

네이버컴과 한게임커뮤니케이션의 합병 비율은 4대 1이었다. 이 둘뿐 아니라 검색 솔루션 개발 회사인 서치솔루션과 마케팅 회사인 원큐까지 합해 네 개의 회사가 손을 잡는 대대적인 인수 합병이었다. 인수 합병의 주체는 네이버컴이었다. 다른 세 개 회사를 인수 합병한 네이버컴은 한게임의 게임, 서치솔루션의 검색, 원큐의 마케팅 기법을 보유하게 됐다. 합병 뒤 네이버컴의 자본금은 22억 원, 직원 수는 100여 명에 달했다.

한게임의 엄청난 트래픽과 막강한 회원 수를 기반으로 네이버는 급성장했다. 합병 이후 네이버는 포털 사이트 만년 5위의 한계를 벗어나 1일 페이지뷰 4,000만, 회원 수가 무려 600만 명에 이르는 대형 온라인 미디어의 위상을 과시하게 됐다.

네이버와 한게임의 합병 이후 합병 법인의 성장을 이끈 것은 어디까지나 한게임이었다. 하지만 합병 과정에서 외견상 김범수와 한게임은 손해를 본 것처럼 비춰졌다. 이해진과 김범수가 공동대표 체제로 합병 법인을 운영하기로 했지만 합병 비율이 4대 1이 되는 바람에 이해진의 지분율이 김범수보다 두 배가량 높은 게 사실이었다. 외부에서는 김범수가 일방적으로 손해 봤기 때문에 회사의 통합에 머지 않아 진통이 있을 것으로 내다봤다.

김범수는 그런 외부의 시선에는 특별히 대응을 하지 않았지만, 사내에는 적극적으로 해명을 했다. 한게임과 네이버가 합병하면 이제 막 태동기에 있는 한국의 인터넷 산업을 주도할 수 있는 강력한 회사가 될 것이라는 자신의 확신을 설파했다. 그의 확신이 전달됐기에 한게임 초기 멤버를 비롯해 한게임 직원들도 김범수의 결정을 따를 수밖에 없었다.

무엇보다 한게임과 네이버의 합병이 진행될 때 그는 이미 다른 문제를 고민하고 있었다. 아직 아무도 도전하지 못한 전인미답의 경지, 게임의 유료화였다.

"언젠가는 유료화를 해야겠지만, 지금은 절대 아닙니다. 지금은 어떻게든 버텨야 합니다."

네이버컴 공동대표를 맡고 있던 김범수는 임직원 회의에서 한게임 유료화를 주장했다가 격렬한 반대에 부딪혔다. 2000년 겨울, 인터넷 거품 논쟁이 일면서 벤처 산업계에 매서운 한파가 불어닥쳤다. 전 세계 IT 관련 주식이 폭락하고 국내에서도 폐업하거나 부도가 나는 업체가 속출했다. 그로부터 4개월이 지났지만 아직도 투자 심리가 싸늘하게 얼어붙어 투자 유치는 생각지도 못하던 시절이었다.

김범수는 유료화만이 이 살얼음판 위에서 살 길이라고 생각했다.

돈을 쓸 곳은 계속 늘어나는데 자금은 바닥나고 투자 유치는 요원했다. 하지만 임직원들 대부분은 유료화를 했다간 회사가 완전히 끝장날 것이라 생각했다.

사람들에게는 '인터넷 서비스는 무료'라는 인식이 강했다. 유료로 전환할 경우 한게임은 완전히 실패하게 될지도 모른다는 임원진과 실무진들의 우려는 과장된 것이 아니었다. 그때까지만 해도 돈을 받는 인터넷 서비스는 없었다. 유료화를 하게 될 경우 회원 이탈은 불을 보듯 뻔했다. 네이버컴이 한게임 유료화를 준비한다는 소문이 나기 시작하자 벌써부터 이에 반대하는 사용자들의 글이 게시판에 빗발쳤다.

유료화에 대한 김범수의 생각은 사람들과 달랐다. 그는 공짜였던 서비스가 돈을 받아서 망하는 게 아니라 돈을 받는 만큼 값어치를 못해서 망하는 거라고 생각했다. 돈을 쓰고서라도 그 서비스를 이용하고 싶다는 생각을 하게 만들면 사람들은 자신도 모르게 돈을 쓰게 될 거라고 봤다. 그렇게 된다면 유료화는 실패의 지름길이 아니라 대박의 지름길이었다. 그러나 삼성SDS 시절부터 한솥밥을 먹었고 함께 PC방 창업, 한게임 창업 등을 했던 오랜 동지이자 한게임을 총괄하고 있었던 문태식, 남궁훈마저 김범수의 주장에 선뜻 찬성하지 않았다. 그들은 좀 더 강력한 흡인력이 있는 게임을 출시하고 나서 유료화를 하자고 했다. 회원 수가 급격히 늘고는 있지만, 유료화로 전환되는 순간 급격히 탈퇴할 수도 있기 때문이었다.

모두가 반대하고 있었지만, 김범수는 유료화에 착수해야 한다는 주장을 꺽지 않았다. 오히려 유료화에 대한 결심을 굳혔다. 김범수가 그토록 유료화에 집착한 데는 이유가 있었다. 한게임은 네이버, 원큐 등과 합병을 단행하면서 외형상의 덩치는 커졌지만 합병으로 인해 달라진 게 별로 없었다. 당장 필요한 자금 문제는 해결됐다. 하지만 기업으로 존속하기 위해 절실하게 필요한 수익 모델이 만들어지지 않았다. 가장 큰 문제는 돈이 들어올 수 있는 데가 없다는 것이었다. 결국 새롬기술로부터 투자를 유치해 들어온 250억 원을 계속 까먹으면서 생활해야 하는 처지였다.

김범수가 유료화를 결심하게 된 데는 무엇보다 한게임의 급격한 확장이 중요한 원인이 됐다. 한게임의 급격한 회원 증가는 네이버에 치명적인 부담으로 작용했다. 검색 기술을 개발하는 데 계속 돈이 필요했던 네이버는 한게임의 늘어나는 회원을 수용하기 위한 서버 증설과 관리 인력 증강 등을 감당해낼 수 없었다. 위기 상황은 닥쳐오고 있었고 김범수는 불안했다. 하지만 김범수는 이상하게도 어려운 상황이나 위기에서 더 차분했다. 그리고 과감하게 결정을 내리고 실행에 옮겼다.

경영진 회의가 끝난 뒤 김범수는 네이버 본부장이면서 동시에 쥬니버, 한게임 등을 총괄하고 있었던 김정호 부사장을 은밀히 불러 지시를 내렸다. 한게임의 유료화 모델을 만들라는 지시였다.

김정호 부사장에게 이런 중책을 맡긴 데는 이유가 있었다. 김정호는 네이버에 오기 전 삼성SDS에서 직장 생활을 할 때 PC통신 유니텔의 과금 모델을 만들고 이를 관리했던 적이 있었다. 김범수는 김정호 부사장의 이런 경험이 한게임의 유료화 모델을 만드는 데 최적이라고 판단했다. 김범수가 김정호 부사장을 신뢰했던 것은 단순히 개발력 때문만은 아니었다. PC통신의 과금 체계는 시스템을 만드는 것 못지않게 그것을 아무 문제 없이 꾸준히 현금이 유입될 수 있도록 관리하는 것이 중요했다. 김정호는 과금 시스템을 문제없이 관리했고, 김범수는 여기에 높은 점수를 줬다.

김범수로부터 한게임 유료화 TFT의 수장을 맡을 것을 제안 받은 김정호는 네이버 본부장 역할을 포기하고 TFT에 전념했다. 그러나 TFT는 한동안 소득적인 활동을 아무 것도 하지 못했다. 김범수, 김정호, 남궁훈, 문태식 등 한게임의 경영진들이 머리를 맞대고 의논했지만 결론은 나질 않았다.

한게임 내부에서도 유료화에 대한 두려움은 엄청 났다. 당시엔 유료화를 해서 성공한 사례가 전무했다. 사실 지금도 인터넷 사업에서 유료화를 진행하기 위해선 상당한 노하우가 필요하다. 소비자들을 설득시키는 작업이 있어야 하기 때문이다. 그들은 아무도 해본 적이 없는 일에 도전하고 있었다. 한게임 유료화 TFT는 부질없이 해를 넘겼다. 2000년 7월부터 시작된 고민이 6개월이 되도록 아무 성과를 보이지 않은 채 2001년을 맞이한 것이다.

설이 갓 지난 2월의 어느 날 우울한 생각을 거듭하며 김정호는 분당선 공사가 한창 중이던 2호선 선릉역을 터덜터덜 지나가고 있었다. 아직 겨울이 가시지 않은 차가운 바람이 옷깃을 파고들어 어깨를 더욱 움츠러들게 했다. 공사 현장을 물끄러미 바라보며 상념에 잠겨 있던 그에게 문득 아주 엉뚱한 생각이 하나 떠올랐다.

"게임에 옵션을 걸어볼까? 마치 윷놀이할 때 몇 칸 더 움직일 수 있는 칸을 만드는 것처럼, 어떤 게임을 한 판 이기게 해주거나 기회를 더 주는 방식의 카드를 만들어서 팔면 어떨까?"

김정호는 자신의 아이디어를 김범수에게 갖고 갔다. 한게임 수뇌부들은 모여서 아이디어를 보완했다. 아이템은 인터넷은 공짜라는 인식에 젖어 있는 소비자들이 기꺼이 돈을 내고 하고 싶어할만한 것이어야 했다. 게임을 한 판 이겼을 때 점수를 몇 배나 더 따게 해주는 찬스 아이템 등을 만들기로 했다.

그다음 이런 아이템의 가격을 정하고 과금 체계를 구축하는 일이 시급했다. 아이템의 가격은 소비자들이 부담과 반감을 느끼지 않도록 합리적이어야 했다. 또 유료화 서비스를 이용할 때 불편함을 느끼지 않도록 과금 체계도 편리하게 만들어야 했다. 과감하고 빠른 추진력의 김범수, 김정호 두 사람의 합작품인지라 일은 빠르게 추진됐다.

온라인 유료화,
최초의 성공 모델을 만들다

드디어 운명의 유료화 오픈. 2001년 3월 5일 오전 7시. 한게임의 유료화는 이날 아침부터 시작됐다. 시작하자마자 2,000원, 9,000원, 5,000원 등 결제가 이뤄지는 화면이 내부 결제 통제 시스템으로 계속 올라왔다. 8시쯤 되자 결제가 너무 많이 이뤄져 화면이 계속 넘어가버리는 현상이 나타났다.

김정호와 문태식, 남궁훈 등 당시 주역들은 컴퓨터가 망가졌다고 생각했다. 이렇게 많은 결제가 한꺼번에 이뤄질 것이라고는 생각조차 하지 못했다. 그들은 내부 컴퓨터를 우선 모조리 뜯어다 수리를 맡기기로 했다. 김정호는 혹시나 해서 외부 결제 회사에 전화를 걸어 문의를 했다. 그랬더니 '결제가 빠른 속도로 이뤄지고 있는 게 맞다'는 대답이 돌아왔다.

점심 식사 시간이 지나자 결제는 더욱 빠른 속도로 이뤄졌다. 오후 2시를 넘기면서 대략 3,000만 원을 넘긴 것으로 집계됐다. 저녁이 되면서 유료화 첫날의 성공은 확실해졌다. 김정호, 문태식 두 사람은 '술을 한 잔 안 할 수 없다'는 데 의견 일치를 보고 술을 마시러 나왔다. 회사 근처에서 소주를 같이 마셨다. 김범수와 오승환, 김희숙, 이해진, 남궁훈 등 창업 멤버들도 모두 나왔다.

일곱 명은 이날 자정이 넘도록 술을 마시며 기쁨에 취했다. 자정이 넘어 회사에서 전화가 왔다. 오전 7시부터 자정까지 결제된 금액이 총 9,500여만 원이라는 것이었다. 1억 원에 조금 못 미치는 액수였지만, 매일 이 정도로만 결제되면 유료화를 위한 설비 투자비, 인건비 등 월 20억 원 수준에 달하는 비용을 제외하고도 매달 수익을 낼 수 있겠다는 판단이 섰다. 단순 계산으로도 매일 1억 원이면 한 달에 30억 원이 수중에 들어오기 때문이었다. 네이버 경영진은 한 게임 유료화로 예상을 뛰어넘는 수익을 얻게 될 것이란 꿈에 부풀었다.

유료화 둘째 날. 모두들 두근거리는 마음으로 하루를 맞았다. 그런데 첫날에 비해 결제가 형편없이 적게 이뤄졌다. 절반에도 미치지 못했다.

"이런 날도 있나 보다."

불안감을 애써 누른 채 유료화 둘째 날을 그냥 넘겼다. 관건이 된 것은 셋째 날이었다. 한게임 구성원들은 모두 충격에 휩싸였다. 결제가 첫날의 3분 1 수준에 그쳤다.

그 후로도 이런 상황은 지속됐다. 1억 원씩 결제되는 날은 한 달간 단 하루도 없었다. 심지어 2,000만 원에 그치는 날도 있었다. 유료화를 시작한 초기에 대기 수요가 반짝 몰리고 그 후로 수요가 급감하는 것을 처음으로 체험했다. 한 달에 수입이 7억 원밖에 들어오지 않는 상황에 몰렸다. 이래서는 유료화를 하고 나서도 계속 적자가 될 수밖에 없었다. 유료화 TFT 수장이었던 김정호 부사장은 또다시 고민에 휩싸였다. 지금은 어떤 온라인 기업이든 유료화를 처음 시작하면 초반에 엄청나게 결제가 몰리고 이후 급감해 바닥을 찍었다가 다시 상승한다는 것을 안다. 하지만 당시엔 모든 것이 처음이었으니 알 도리가 없었다.

당시 한게임의 유료화 모델이 보여준 궤적은 이후 온라인게임 업체들의 유료화 실험에 교과서와 같은 역할을 했다. 초반에 대거 몰렸다가 바닥을 찍은 후 다시 상승하는 수준에 따라서 유료화 모델의 성공 여부가 판단된다는 잣대를 제공한 것이다.

유료화에 일단 성공은 했지만 생각보다 많은 결제가 이뤄지지 않으면서 한게임은 2차 유료화 모델 준비에 나섰다. 이렇게 해서 탄생한 것이 게임 판 수에 따른 과금 모델이었다. 이 방식은 2001년 7월에 도입됐다. 그때까지는 사이버 머니가 있는 한 기본적으로 포커는 20판, 고스톱은 40판까지 할 수 있었다. 게임 판 수에 따른 과금은 기본적으로 주어지는 판 수 이상의 게임을 하려면 한 달에 3,000원을 내야 하는 방식이다.

두 번째 과금 방식도 성공적이었다. 이때부터 한게임은 비용보다 수익이 많아지기 시작했다. 한게임이 두 번째 유료화 모델을 선보인 지 3개월이 채 안 돼 커뮤니티 서비스 회사인 네오위즈의 세이클럽에서 최초로 아바타를 팔기 시작했다는 소식이 들렸다. 당시 국내 최대의 채팅 사이트였던 세이클럽이 세계 최초로 아바타 유료화를 시도한 것이다. 세이클럽에 이목이 집중됐고, 사이버상의 아바타를 위해 몇 천 원이라는 돈을 사용하겠느냐는 의심의 눈초리로 지켜보는 이들이 많았다. 세이클럽의 아바타 유료화는 예상을 깨고 큰 성공을 거두기 시작했다.

한게임은 네오위즈보다 한 달 늦은 11월에 즉각 아바타 유료화 방식을 도입했다. 한게임에서도 아바타에 붙이는 아이템을 유료화한 것이다. 이후 유료화는 2004년까지 일곱 차례에 걸쳐서 진행됐지만 가장 중요한 유료화 모델은 게임 아이템, 판 수, 아바타 아이템 과금이라는 초반의 이 세 가지 방식이었다.

당시 유료화의 주역이었던 김범수, 김정호, 남궁훈 등은 이때를 네이버컴의 생존을 가른 가장 중요한 시기 중의 하나였다고 회상한다. 네이버가 투자에 비해 별다른 수익원을 찾지 못했던 시기라 한게임의 유료화 성공 여부는 한게임과 합병한 네이버컴의 존망을 가를 중요한 시금석이었다.

2000년 두 회사가 합병한 직후부터 한게임의 유료화 모델이 성공을 거둬가던 시점까지 국내 인터넷 시장은 지금보다도 더 치열하게 경쟁하던 시기였다. 여전히 야후 코리아가 최고 포털로서 명성을 떨치고 있었고, 이미 한메일로 자리를 잡았던 다음커뮤니케이션이 카페 서비스를 오픈하며 승승장구하고 있었다. 여기에 혜성처럼 등장한 검색 전문 포털 라이코스가 엄청난 조명을 받으며 입지를 굳혀가고 있었고 엠파스도 자연어 검색으로 돌풍을 일으켰다. 또 세계 1위 미디어 기업이자 인터넷 온라인 서비스 회사인 아메리카 온라인이 한국에 진출한다는 설이 나돌았고, 네띠앙이 커뮤니티를 기반으로 급성장하는 등 네이버와 한게임은 합병 직후 오히려 사람들의 관심에서 멀어진 상태였다.

이 와중에 인터넷 거품 붕괴로 인터넷 기업에 대한 투자는 점점 줄어들고 있었기 때문에 한게임 유료화가 성공하지 못하면 사업을 접어야 할지도 모르는 절박한 상황이었다. 다른 임원들은 유료화를 하기 전에 먼저 사용자들을 끌어모아 충성심 높은 고객을 많이 확보해야 한다고 생각했지만 김범수는 다르게 생각했다. 유료화를 단행하더라도 콘텐츠가 경쟁력이 있으면 사용자들이 선택할 것이라고 확신했다. 모두가 의심했지만 인터넷으로 돈을 벌 수 있다는 걸 보여준 것이 한게임의 유료화 과정이었다.

한게임 유료화를 성공시키면서 네이버컴은 합병 이후 불어닥친 안팎의 굵직한 위기를 극복하고 인터넷 포털로서 안착했다. 그리고 네이버컴은 2001년 9월에 NHN으로 회사 이름을 바꿨다. NHN은 'Next Human Network'의 약자다. 게임, 솔루션 등으로 사업을 확장함에 따라 포털 이미지가 강한 네이버컴이라는 사명을 NHN으로 바꿔 브랜드 인지도를 보다 확장하겠다는 의지였다.

한게임 VS 넷마블,
신화가 된 온라인게임

한게임이 처음 서비스를 시작한 1999년 말, 한국에서 보드게임을 게임포털 사이트를 통해 서비스하는 회사는 한게임이 유일했다. 한게임 이전에는 사람들이 온라인에서 만나 채팅을 하면서 고스톱을 치고 카드 게임을 즐기는 것을 현실화한 사이트가 아예 없었다. PC통신에서 몇 사람들이 만나 게임을 하기는 했지만 한게임에서 하는 것과는 수준이 달랐다. 훨씬 많은 사람들이 훨씬 다양하게, 제약 없이 게임을 할 수 있었다.

한게임이 곧 온라인게임 시장의 전부였던 구도는 2000년 11월 넷마블이 출시되면서 깨졌다. 넷마블은 대작 온라인게임 개발을 기치로 2000년 3월 설립된 회사였다. 네이버와 한게임이 합병해 덩치를 키운 바로 그때였다. 하지만 넷마블은 설립되자마자 IT 거품이 꺼지면서 어려움을 겪었다. 이때 인터넷 영화 사이트를 운영하던 아이링크커뮤니케이션 이사 방준혁이 넷마블의 구원 투수로 전격 영입됐다. 넷마블의 새로운 대표이사가 된 방준혁은 한게임이 시장을 독과점하고 있던 상황에서 무모하다 싶을 정도로 유사한 사업 모델을 들여왔다. 그는 한게임의 급성장세를 보면서 보드게임 시장이 앞으로도 더 클 여지가 있다고 판단했다. 어차피 커질 시장이므로 승부를 보겠다고 결정을 내린 것이다.

방준혁의 판단은 적중했다. 한게임이 30, 40대에게 인기가 많다는 점을 감안해 방준혁은 10대와 20대에 초점을 맞췄다. 틈새시장 공략이었다. 10대와 20대가 좋아할만한 게임 콘텐츠를 개발해 적극 공략하면 새로운 시장 수요층이 생길 것이란 게 방준혁의 생각이었다. 방준혁은 넷마블 사이트를 기획하면서 사이트 디자인을 최대한 단순화하면서도 동심을 자극할 수 있는 원색을 사용했다. 세련된 분위기로 가는 게 대세였던 다른 게임 사이트와 차별화했다. '쉽고 편안한 사이트로 만들자'가 넷마블의 개발 컨셉트였다. 배틀 가로세로, 퀴즈마블 등 교육용 게임과 테트리스, 알까기 등 캐주얼게임을 전면에 배치해 쉽게 게임을 즐기고자 했던 청소년층과 여성층을 집중 공략했다.

넷마블은 2000년 11월에 오픈했지만, 처음엔 한게임에 밀려 영 신통치 않았다. 하지만 청소년과 여성층을 공략한 전략이 통하면서 2001년 들어 회원이 급증하기 시작했다. 2001년 5월에는 회원 수 100만 명을 돌파했다. 3개월 만에 회원 수 100만 명을 돌파한 한게임에 비해서는 확실히 속도가 느렸다. 하지만 후발 주자란 점을 감안하면 만만치 않은 성적이었다. 넷마블은 100만 명을 돌파한 후 불과 6개월 만에 회원 수가 800만 명까지 불어났다. 그리고 그해 연말에는 900만 명으로 증가하며 한게임과 게임포털 1, 2위를 다툴 정도로 급성장했다.

한게임은 이미 2001년 여름에 회원수 1,000만 명을 돌파하는 등 1위 자리를 굳건히 지키고 있었다. 하지만 넷마블의 성장세는 무시 못 할 수준이었다. 한게임이 2000년 유료화를 단행하면서 일부 회원들이 넷마블로 옮겨가기도 했다. 한게임이 압도적인 1위였지만 회원 이탈과 넷마블의 급성장으로 시장 재편에 대한 우려가 생겼다.

한게임 내부에서도 이같은 상황을 걱정하는 사람들이 있었다. 그런데 김범수는 오히려 넷마블의 급성장을 환영했다. 넷마블이 빠르게 성장하면 오히려 전체적인 시장 규모가 커질 것으로 내다봤기 때문이다. 시장 자체가 커지면 사용자들이 온라인게임을 접할 기회가 많아지게 되고 쉽게 친숙함을 느끼게 된다. 온라인게임에 친숙한 이미지를 갖는다는 것은 수익을 올릴 수 있는 기회와 조건이 좋아지는 것을 의미하므로 분명 긍정적이었다.

김범수는 한게임의 전략으로 보드게임에 더 집중하는 한편 유료화 모델을 다양화하는 방법을 택했다. 퍼블리싱을 하면서 게임 사업을 확장하고 있던 넷마블과 반대되는 전략이었다.

당시 온라인게임 업체들은 게임 개발 외에도 마케팅, 시스템 구축, 운영, 빌링 시스템 개발까지 해야 하는 큰 부담을 안고 있었다. 폭발적으로 성장하는 만큼 비용도 급증하는 구조였다. 넷마블은 이런 상황을 타개하기 위해 온라인게임 웹 퍼블리싱이라는 수익 모델을 만들어냈다. 지금은 일반화됐지만 당시까지는 없었던 모델이었다. 즉 넷마블 자체를 하나의 시장으로 개발사들에게 제공하는 방식이었다. 큰 비용을 들이지 않고 새로운 수익을 꾀할 수 있다는 장점이 있었다.

한게임이 처한 상황은 달랐다. 최초로 보드게임 유료화에 성공한 후 어느 업체보다 현금이 많았다. 네이버를 기반으로 한 회원 수는 어느 사이트와 비교해봐도 풍성했다. 물론 한게임에서 번 돈을 갖고 네이버의 서비스를 개발하고 비용을 대야 한다는 문제도 있었다. 하지만 전반적으로 네이버와 한게임의 시너지 효과는 분명히 있었다. 한게임은 보드게임의 종류를 더 강화하고 유료화 모델을 다양하게 만들면서 다양한 취향의 사용자들이 한게임을 찾도록 유도했다.

당장은 넷마블이 유리해 보였다. 한때 순 방문자 수에서 한게임은 넷마블에 뒤져 2위로 밀려나기도 했다. 하지만 장기적으로는 한게임의 전략이 결국 옳았다는 것이 입증됐다. 넷마블이 아무리 방문자 수를 늘려도 매출액에서 도저히 한게임을 따라가지 못했던 것이다.

보드게임은 한게임이 최고라는 것이 사용자들에게 널리 인식되면서 고정 사용자가 많아졌고, 한게임을 떠났던 사용자들이 돌아오는 경우도 많았다.

넷마블과 한게임의 결정적인 차이 중의 하나가 바로 수익성이다. 넷마블과 한게임이 같은 회원 수를 갖고도 매출 차이가 생긴 것은 즐길거리와 수익 모델의 다양성에 있었다. 보드게임 분야만 놓고 보면 넷마블은 단 한 번도 한게임의 3분의 1 수준을 넘어선 적이 없었다. 넷마블은 외형으로는 한게임을 따라잡는 데 성공했지만 돈을 번다는 면에서는 결국 한게임을 따라잡지 못했다.

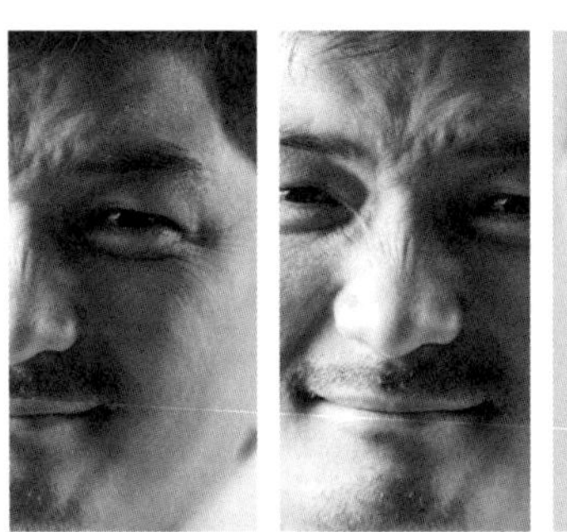

김범수의 눈은 해외시장으로 가 있었다. 모두들 해외 진출을 무모하게 봤다. 그러나 한게임 재팬은 한국 인터넷 기업 사상 최초로 일본 진출 성공이라는 역사를 썼다. 한게임의 일본 진출은 김범수의 절박함에서 시작됐고, 김범수의 추진력은 성공의 동력이 됐다.

4장

두드려라,
그러면 열릴 것이다

한게임의
일본 진출과 성공

네이버와 한게임의 합병 결정이 나자마자 숨 돌릴 틈도 없이 김범수는 한게임을 들고 일본 시장에 진출하겠다고 선언했다. 김범수가 이런 결정을 내렸을 때 주위 사람들 대부분이 그를 말렸다. 네이버는 선발 주자들과, 한게임은 후발 주자들과 경쟁하고 있었고, 합병 전후 조직 구성 때문에 내부적인 일을 챙기는 것이 급선무였기 때문이다. NHN 내부 사람들은 물론 외부 사람들 대부분도 그의 결정을 잘 이해하지 못하겠다는 반응이었다.

김범수는 한게임 재팬의 설립을 한게임 유료화보다 먼저 추진했다. 한국의 한게임도, 네이버도 모두 돈을 벌지 못하고 있던 시기였다. 한게임의 일본 진출에 반대한 이들의 이유는 다양했다. 돈도 못 벌고 있는데 무슨 수로 해외에 나가? 해외에 나가면 돈을 많이 써야 하는 것 아닌가? 일본어도 못하는데 무슨 수로 일본에서 사업을 하지? 반대의 이유는 무수히 많았다. 그가 특별히 의지가 강한 것은 아니었다. 다만 그는 전혀 다르게 생각했을 뿐이었다.

한국에서 어차피 돈을 못 벌고 있으니 일본 시장에 나가는 것이 부담 없었다. 오히려 한국에서 자리 잡고 나가면 늦다고 생각했다. 해외에 나가는 것이 꼭 돈을 많이 쓰는 것은 아니며 현지 사정에 맞춰서 진행할 수 있다고 생각했다. 또한 일본어를 못하는 것은 일본어를 잘하고 일본 시장을 잘 아는 사람을 구하면 해결할 수 있다며 큰 문제로 여기지 않았다. 오히려 김범수는 일본에 진출하지 않으면 안 된다는 절박감을 느꼈다. 누가 그렇게 하라고 시키지도, 등떠밀지도 않았는데 먼저 일본에 가서 적응하지 않으면 일본 시장을 개척해서 자리 잡기가 어려울 것이라는 판단을 했다. 그 판단이 김범수를 서두르게 만들었다.

김범수는 한게임의 유료화를 진행시키는 것 못지않게 일본 진출을 중차대한 과제로 진행시켰다. 한게임의 국내 생존조차 장담하기 어려운 판에 일본에 진출한다는 것은 현실적으로는 물론, 이론적으로도 터무니없는 일이었다. 그러나 김범수는 한게임을 만들 때부터 일본 진출을 염두에 두고 있었다. 절친 천양현의 자질을 눈여겨본 김범수는 그와 함께 일본 시장에서 한게임으로 승부를 봐야겠다는 생각을 했다. 곧바로 천양현을 찾아가 일본 지사장을 맡아달라고 부탁했다. 김범수가 생각하기에 일본 진출을 진행하기에 천양현은 최고의 인물이었다. 믿을 수 있고, 일본 시장을 잘 알고 있으며, PC방 운영을 통해 사업적 자질도 확인했다. 그리고 무엇보다 천양현의 뚝심 있고 성실하며 끈기 있는 성품에 대한 확신이 있었다.

최적의 인물이 일본 시장 개척을 맡게 됐지만 당시 NHN은 한게임 재팬을 지원할 여력도, 시간도, 인력도 없었다. NHN 재팬의 전신인 한게임 재팬이 처음 설립됐던 2000년 9월은 한국에서 NHN도 가장 어려운 시기였다.

일본에 간 천양현은 2000년부터 2002년까지 정말 힘든 시기를 보냈다. 그러나 한국 본사 사정도 어려웠기 때문에 적극적으로 도움을 요청할 수 없었다. 가끔 한국의 재무 담당자와 통화했지만 그때마다 서로 돈이 없다는 결론을 내리고 힘없이 전화를 끊어야 했다.

한국에서 지원을 받지 못한 한게임 재팬은 처음부터 철저한 현지화 전략을 택했다. 일본에서 10여 년간 유학했던 천양현은 일본어에 능통했을 뿐만 아니라 일본의 기업 문화에 대해서도 잘 알고 있었다. 한게임 재팬을 현지화하기 위해 20여 명의 직원을 모두 일본

인으로 뽑았고, 회사 시스템도 일본식으로 했다. 그는 이메일 쓰는 법, 인사하는 법 등 소소한 부분까지 철저하게 일본의 기업 문화에 따랐다. 천양현은 일본을 이해하고 일본인들에게 맞는 서비스를 하겠다는 마음으로 정성을 들였다.

한게임 재팬은 일본 진출 첫해에 일본인들이 오프라인에서 가장 즐겨하는 마작을 온라인게임으로 만들어 서비스를 시작했다. 하지만 인지도가 현저히 낮고 온라인게임에 대한 일본 소비자들의 이해도가 없어서 사업이 되지 않았다. 그때까지도 컴퓨터와 인터넷을 정보 처리와 검색을 위해서만 사용하고 있는 일본인들에게 온라인게임은 매우 낯선 것이었다. 온라인게임의 저변이 부족한 상황이니 사업이 잘될 리 없었다. 돈이 없어서 직원들에게 2~3개월씩 월급을 못 주는 일이 발생하기 시작했다.

2002년 여름 천양현은 20여 명 남짓한 직원들을 모아놓고 비장하게 말을 했다.

"낮에는 각자 아르바이트로 돈을 벌고 밤에만 나와서 일할 수 있는 사람만 일을 해야겠다."

사장으로서 할 말이 아니었다. 직원들에게 무보수로 일하라는 말이나 다름없었다. 생계는 아르바이트로 해결하고 밤에 나와서 공짜로 일해달라는 것. 그런데 의외로 직원들이 많이 나가지 않았다. 회사 자금 사정을 훤히 알고 있던 자금 담당자 2명만이 2주 만에 회사를 떠났을 뿐이었다. 한게임 재팬은 2002년 10월 어쩔 수 없이 유료화를 단행했다. 돈이 들어오는 곳이 없었기 때문에 다른 대안이 없었다. 동시 접속자 수가 4,800여 명에 불과한 시점에서 유료화를 시작한 것이다. 한국에서는 상상도 못할 일이었다.

한게임 재팬이 선택한 유료화 모델은 아바타였다. 한국에서는 이미 세이클럽, 한게임 등이 성공시킨 수익 모델이었다. 궁여지책으로 유료화를 선택했지만 내부의 고민은 계속 이어졌다. 천양현은 직원들과 계속 입씨름을 했다. 천양현이 대표로서 가장 힘든 것은 직원들조차 아바타 유료화를 탐탁지 않게 생각한다는 것이었다.

직원들은 천양현의 지시로 판매용 아바타 집(zip) 파일을 기획하고 만들고 있었지만 과연 집 파일 팔아서 도대체 얼마나 돈을 벌 수 있을지 의구심을 떨치지 못했다. 일본의 게임 개발 인력들은 한 가지 확실한 신념을 갖고 있었다. 그것은 '내가 살 마음이 들지 않으면 남도 사지 않는다'는 거였다. 직원들은 아바타 유료 아이템들에 확신을 갖지 못했다. 자신들이 사활을 걸고 준비하고 있는 아바타 유료화의 성공 가능성을 낮게 봤다. 천양현은 그들의 신념과 의견에 일견 수긍했다. 하지만 그는 그냥 밀어붙였다. 직원들은 다른 대안이 없었기에 그냥 따라올 수밖에 없었다. 천양현은 직원들을 이렇게 설득했다.

"여러분이나 나 같은 30대들은 돈을 쓰지 않겠지만 10대, 20대들은 다르지 않을까요? 우리는 문구점에 가서 장난감을 사지 않지만 10대들은 삽니다. 가상세계도 마찬가지입니다. 사람들은 가상세계에서 자신의 존재를 나타내는 아바타에 분명 관심을 갖게 되지 않을까요?"

유료화 첫날, 4,800여 명에 불과한 동시 접속자 수에 비해서는 성공적인 출발을 했다. 첫날 하루 동안 70만 엔의 수입이 들어왔다. 많지 않은 금액이었지만 이만하면 충분히 할만했다. 돈이 들어오는 것을 본 천양현은 바로 김범수에게 그 소식을 알렸다. 유료화의 성공은 한게임 재팬이 독자적인 생존할 수 있음을 보여주는 증거였다. 또한 한국의 게임 업체가 해외에서 독자적인 과금 모델로서 수익을 창출했다는 자체로서도 의미가 있었다. 그러나 한게임 재팬의 유료화 역시 한국의 한게임 유료화 과정과 비슷했다. 첫날만 그랬고 이후 수입이 감소했다. 15만 엔에 불과한 날도 있을 정도로 어려운 나날들이 계속됐다.

천양현은 힘든 시기를 보내야 했다. 사람들의 지갑을 열게 할만한 새로운 서비스나 콘텐츠를 생각해내기 위해 끊임없이 고민했다. 그러는 사이 한게임 재팬을 둘러싼 환경은 조금씩 개선됐다. 무엇보다도 정체 상황에 머물던 인터넷 인프라 보급이 확산될 조짐이 보였다. 일본 비즈니스가 탄력을 받기 시작하자 김범수는 한게임 재팬에게 성장 동력을 달아줄 필요가 있다고 판단했다. 한국 한게임도 넷마블 등 후발 주자들의 추격으로 시장 경쟁이 치열했기 때문에 재정이나 인력이 그리 넉넉한 상황은 아니었다. 그러나 김범수는 결단을 내렸다. 2002년 12월, 10여 명의 핵심 기술 개발 및 기획 인력을 특공대를 파견하는 심정으로 일본에 전격 투입했다. 거주지 마련 같은 기본적인 준비 작업도 없이 긴박하게 추진했다.

철저한 현지화 모델을 채택했던 한게임 재팬은 기술 확보에 어려움을 겪고 있었다. 이전에도 몇 차례 위기 때마다 한국 인력을 투입했지만 임시 해결책이다 보니 악순환이 되풀이됐다. 결국은 투자였다. 김범수는 기회가 있는 시장에 장기 투자를 해보기로 결심했다.

김범수의 결단으로 출동한 특공대의 가장 중요한 임무는 이제 막 유료화를 시작한 한게임 재팬의 수익 모델을 안정화시키는 것이었다. 일본의 한게임은 2002년 10월 유료화를 시작했지만 한국에 훨씬 못 미치는 성적을 내고 있었다. 한국에서의 경험을 바탕으로 돈이 들어오는 방안을 구체화하고 결제 시스템을 안정적으로 유지하는 게 중요했다. 한게임 재팬이 확실하게 자립할 수 있어야 한국의 한게임도 부담 없이 클 수 있기 때문이다. 특공대는 맹활약을 했고

이는 현지화 전략의 중요한 성공 요인이 됐다.

천양현 대표는 새로운 유료화 모델을 내놓았다. 아바타 방식의 유료화 모델을 일본식으로 개조한 것이었다. 일본인은 한국인과 달리 게임의 승부에서 오는 재미보다 게임을 통해 사람을 만나고 서로 알아가는 과정에 더 관심을 두는 경향이 있었다. 때문에 아바타를 단순히 아바타로만 팔아서는 효과가 없다고 판단하고 여기에 커뮤니티 개념을 적용했다. 자신만의 공간을 만들 수 있게 하고 다른 사람들과 대화하거나 소통하는 창구가 되게 만들었다. 자신의 아바타를 통해 다른 사용자와 커뮤니케이션을 하는 것을 즐기는 일본 사용자들의 성향에 맞춤한 것이다.

새로운 아바타 유료화 모델은 성공적이었다. 이 방식이 도입된 후 한게임 재팬의 매출은 점차 늘어나기 시작했다. 2003년 3월 한게임 재팬은 게임 부문 이용자 수에서 하늘 같았던 야후 재팬을 앞지르고 2003년 12월 게임포털 1위에 오르며 동시 접속자 수 5만 명을 달성했다. 당시 일본에서는 라크나로크 외에 동시 접속자 수 5만 명을 넘긴 온라인게임이 없었다. 기록을 세운 그날, 김범수에게 전화한 천양현은 흥분으로 말을 잇지 못할 정도로 감격에 찼다. 해외에 진출해서 가장 감격스러운 순간이었다.

2004년에 들어와 한게임 재팬은 드디어 하루 1,000만 엔 매출을 달성했다. 매출이 이 규모에 도달하고 나서야 한게임 재팬은 비로소 한 시름 놓을 수 있었다.

인터넷 기업이 해외 시장에 직접 진출해 자리 잡고 현지 회사로 성공한 사례는 지금까지도 손가락에 꼽힌다. 그 첫 사례가 한게임 재팬이다. 그 후로도 엔씨소프트와 넥슨만이 해냈다.

한게임 재팬은 그 당시 유행처럼 번졌던 한국 인터넷 기업들의 일본 진출이라는 큰 흐름 속에서 진행됐다. 네오위즈나 네이버, 다음 등이 다 1990년대 말에서 2000년대 초 일본 시장에 진출했다. 하지만 이 시기 일본 시장에 진출한 기업들 중에서 오직 한게임만이 성공적인 결과를 냈다. 심지어 네이버도 일본 시장에서 성공하지 못했고, NHN은 지금도 네이버 서비스를 일본에서 진행하고 있지만 아직 본격적인 궤도에 올랐다고 하기 힘들다. 2006년 이후 넥슨과 엔씨소프트가 일본 시장에서 성과를 내기 전까지 해외시장에 직접 진출해 성공을 거둔 사례는 한게임이 유일했다.

한국 인터넷 기업 사상 최초의 일본 진출 성공이라는 한게임 재팬의 역사는 김범수의 일본 시장 개척에 대한 절박함에서 시작됐고, 과감한 추진력이 성공의 동력이 됐다. 하지만 그것이 한게임 재팬의 성공을 보장한 것은 아니었다. 절박함은 조금씩 상황이 달랐지만 김범수뿐 아니라 이해진에게도 있었고, 다음, 네오위즈 등 일본 시장

에 진출했던 많은 다른 기업들에게도 있었다. 하지만 한게임 재팬만
이 성공했다.

한게임 재팬의 성공은 무엇보다 천양현과 김범수라는 두 인물의
조합이 절묘하게 맞아떨어졌기에 가능했다. 천양현은 일본 시장을
비교적 잘 알고 있었다. 김범수는 과감한 결단과 온 힘을 다해 승부
를 보는 기질이 다분히 있었다. 이 조합은 환상적이었다. 천양현과
김범수. 이 두 걸출한 인물의 만남과 협력이 있었기에 한국 인터넷
기업 사상 최초의 일본 시장 개척이 성공했던 것이다.

믿는 만큼 부딪치고,
부딪친 만큼 발전한다

2002년 6월 14일 인터넷 업계를 뒤흔든 충격적인 소식이 전해졌다. NHN의 코스닥 상장 심사 청구에 대해 코스닥위원회가 보류 판정을 내린 것이다. 시장에서는 이 보류 판정을 사실상의 탈락으로 받아들였다.

NHN은 한게임의 유료화 성공과 네이버의 급속한 성장으로 다음커뮤니케이션과 함께 한국을 대표하는 인터넷 기업으로 성장했다. NHN은 매출 면에서 최고는 아니었지만 수익성 측면에서는 어떤 기업도 따라오기 힘들 만큼 우량했다. 당시 NHN은 2002년 5월까지 매출 240억 원에 87억 원의 순이익을 올렸다. 이 정도라면 코스닥 심사에서 큰 문제없이 통과할 것으로 기대를 모았다. 하지만 결과는 전혀 딴판이었다.

NHN과 비슷한 시기에 인터넷 경매 업체 이셀피아도 업계 1위 기업인 옥션이 달성하지 못했던 당기 순이익을 낸 후 코스닥 문을 두드렸으나 코스닥위원회는 매정하게 보류 판정을 내렸다. 그런데 같은 날 카지노 업체인 파라다이스는 코스닥 상장 심의에 별 문제없이 통과됐기 때문에 NHN에 대한 보류 판정은 더욱 납득하기 힘들었다.

NHN은 2000년 합병 당해엔 82억 원의 적자를 기록했다. 하지만 바로 그다음 해엔 28억 원의 순이익을 기록하며 흑자 전환에 성공했다. 매출액도 88억 원에서 242억 원으로 세 배 가까이 늘었다.

NHN의 코스닥 상장 보류 판정의 핵심적인 이유는 지분 관계였다. 코스닥위원장 정의동은 코스닥 심사가 끝난 후 NHN의 재심의 이유로 지분 문제를 들었다. NHN의 기업 내용이 좋다는 데는 심사위원들의 이의가 없지만 지분 구조에 문제가 있어 보류됐다며 지분 관계에 확인이 필요하다고 설명했다.

NHN은 그해 6월 26일 서류를 보완해 재심의 절차를 밟았다. 하지만 7월 10일, NHN은 코스닥 등록 예비 심사에서 또 재심의 판정을 받아 탈락했다. 코스닥위원회는 최대 주주 및 특수 관계인이

NHN 관계사인 9개 닷컴 기업에 출자하고 있는 것에 대한 리스크를 탈락 사유로 제시했다. 하지만 당시 업계에서는 처음으로 반기 순이익 100억 원을 넘어선 NHN의 심사 탈락을 충격적으로 받아들였다.

당시 NHN의 재심의 판정 사유인 닷컴 기업 출자 리스크는 2002년 6월에 있었던 예비 심사에서도 재심의 판정을 받았던 결정적인 이유로 지적됐었다. 코스닥위원장 정의동은 지난번 1차 재심의 판정 사유였던 닷컴 기업 출자에 대한 리스크가 아직까지 완전하게 해소되지 않아 또다시 재심의 판정을 내렸다고 말했다. 코스닥위원회 등록심사부 관계자는 NHN의 실적은 좋지만 출자 회사와의 지분 변동 관계를 좀 더 확인할 필요가 있다고 덧붙였다.

NHN은 6월 심사 때 제로마켓, 엠플레이, 미디어웹, 서치솔루션, 넷매니아 등 9개 관계사에 투자한 금액이 자본금인 27억 원에 비해 많기 때문에 상호 출자했던 회사들 간 지분 관계 등에 대해 충분한 검토가 필요하다는 점을 지적받았다. NHN의 출자 업체들은 대부분 적자 상태였다. 거기에다 당시 다음, 옥션, 새롬기술 등 NHN의 종 기업이라고 할만한 회사들의 실적이 좋지 않아 시장 분위기도 나쁜 편이었다. NHN으로서는 운이 좋지 않았다.

다음 해인 2002년, NHN의 상반기 매출액은 300억 원, 영업이익은 136억 원, 누적 순이익은 105억 원으로 집계됐다. 영업이익률은 45퍼센트로 업계 최고였다. NHN은 7월에 바로 다시 재심의에 들어갔고, 우여곡절 끝에 드디어 상장에 성공했다.

곡절이 많았지만, 이런 잡음은 NHN의 주가에 부정적인 영향을 전혀 미치지 못했다. NHN을 기다린 장래의 주주들이 많았기 때문이다. 2002년 상장 당시 450억 원대에 불과했던 NHN의 시가총액은 4년여 만에 10조 원을 돌파할 정도로 주가가 올랐다.

상장 직전 5퍼센트 남짓한 주식을 보유하고 있던 김범수는 상장으로 인해 지분율이 2.5퍼센트대로 떨어졌지만 상장하자마자 이 회사 시가총액이 그해 말 700억 원을 돌파하는 등 급등하면서 순식간에 20억 원의 자산을 보유하게 됐다. 이로부터 4년 후에는 NHN의 시가총액이 12조 원에 달하면서 김범수의 주식 평가액은 3,000억 원에 달하게 됐다.

NHN은 모든 면에서 선발 주자는 아니었다. 검색 서비스를 국내에서 최초로 선보인 회사도 아니었고 검색 기술에서 가장 뛰어나다고 할 수도 없었다. 야후나 라이코스 등과 같은 글로벌 업체들보다 훨씬 늦게 시작했다. 이메일이나 커뮤니티 서비스 등은 다음보다 뒤졌다.

한게임 역시 게임포털로서는 최초의 모델이었지만 게임 회사로

치면 후발 주자였다. 한게임이 시작될 당시 국내에는 이미 넥슨, 엔씨소프트 등의 게임 업체들이 먼저 시작해 자리를 잡고 있었다. 시간적인 측면에서 후발 주자였을 뿐 아니라 인적 자원이나 서비스의 질에서도 검증되지 않은 2등 업체였다.

NHN은 후발 주자의 약점을 모두 극복하고 선두 기업이 됐다. 어느 산업이나 그렇지만 특히 인터넷 산업에서 선발 주자가 갖는 의미는 크다. 시장에 먼저 진출한 기업은 단숨에 관심을 받고 해당 시장을 장악하는 데 유리한 고지에 서기 때문이다. NHN은 후발 주자로서 뒤늦게 인터넷 산업에 뛰어들었지만 새로운 개념의 서비스를 잇달아 내놓으면서 서서히 치고 올라갔다. 순수 검색 기업이라고 할 수 있었던 네이버와 게임 업체였던 한게임을 합치는 발상 자체가 파격이었고 블루오션이었다. 이후 NHN은 국내 인터넷 기업 중 가장 먼저 해외시장 개척에 나서 성공을 거뒀고 통합 검색, 지식인(지식iN) 등을 잇달아 선보여 역시 성공을 거뒀다.

NHN은 결과적으로 이런 성과를 숫자로 보여줬다. 2005년 NHN은 매출액 3,574억 원, 영업이익 1,314억 원을 올리며 인터넷, 벤처 기업을 통틀어 국내 최대 기업으로 우뚝 섰다. 규모뿐만 아니라 수익성 면에서도 최고 수준이었다. 2006년 1분기엔 1,218억 원의 매출액에 465억 원의 영업이익, 351억 원의 순이익을 거뒀다. 영업이익률이 40퍼센트에 육박하는 것은 상장 기업 전체를 통틀어 전무후무했다. 이것은 모두 1999년에 NHN의 전신인 네이버컴과 한게임커뮤니케이션이 설립되고 불과 7년 만에 이뤄진 결과였다.

NHN의 성장은 여기서 끝나지 않았다. 2006년 연간 매출액은 2005년에 비해 60.4퍼센트 증가한 5,733억 원에 달했고 2007년에는 전년도보다 60.5퍼센트 늘어난 9,202억 원의 매출 실적을 달성했다. 40퍼센트에 달하는 영업이익률도 지속됐다. 2007년 영업이익은 3,894억 원으로 영업이익률은 무려 42.31퍼센트였다.

NHN이 이러한 고속 성장을 이룰 수 있었던 비결에는 NHN만의 독특한 의사결정 시스템이 존재한다. 이 중심에 '전략위원회'가 있었다. 전략위원회는 일종의 경영진의 집단 토론이 이뤄지는 기구였다.

NHN은 통상 다른 주식회사들도 모두 공통적으로 갖고 있는 이사회 외에 별도 기구로 전략위원회를 운영했다. 상장사로서 공식적인 발표는 이사회를 통해 의결했지만 실질적인 사전 결정은 대부분 전략위원회를 통해 내렸다.

김범수가 NHN을 떠나기 전, NHN의 이사회는 최고전략책임자(CSO)인 이해진을 이사회 의장으로 당시 NHN의 국내 대표인 최휘영, NHN USA 대표인 김범수, 법무 담당 이석우 부사장과 재무 총괄 책임자인 허홍 등 다섯 명이었다. 전략위원회는 이들 외에도 중국, 일본, 미국의 각국 법인 대표 세 명이 추가됐다. 이밖에도 상시적으로 전략위원회에 참가하지는 않지만 수시로 참관하는 이들로 한게임 총괄이사 남궁훈, NHN 서비스의 대표 오승환, NHN 게임스의 대표 김병관, 인사를 총괄하는 김진희 이사와 대외홍보를 총괄하는 채선주 실장 등을 꼽을 수 있다.

전략위원회는 분기마다 최소 한 번씩 글로벌 전략 회의를 열었다. 미국, 일본, 중국, 한국 등 장소를 바꿔가면서 다양하게 열린다. 이사회는 짧고 간결하면서도 엄숙하게 이뤄지지만 NHN을 다른 기업과 구별되게 하는 전략위원회 회의는 매우 자유롭고 역동적으로 펼쳐졌다.

전략위원회의 특징은 열리는 시기와 방법이 모두 자유롭게 오픈돼 있다는 점이다. 최대 주주이자 이사회 의장인 이해진 최고전략책임자가 결정하는 대로 한다거나 공동대표를 맡고 있는 김범수나 최휘영이 결정하는 것도 아니다. 참석자들의 일정과 당시 안건에서 가장 중요한 또는 필히 참석해야 할 구성원의 사정을 고려해 일정과 방식이 정해지곤 했다. 이를테면 당초 미국에 있는 NHN USA 사무실에서 전략위원회를 열기로 정해졌더라도 한국에서 큰 이슈가 터지면 장소를 한국으로 바꾸고 한국 쪽 참석자인 최휘영, 허홍, 이석우 등의 일정을 고려해 날을 다시 잡는 식이었다.

　NHN의 역사에서 중요했던 결정은 대부분 전략위원회에서 이뤄졌다. 이사회가 최종 결단을 내리고 주총에서 승인을 받는 것으로 공식화되지만 큰 틀은 전략위원회에서 결정되는 경우가 많았다. NHN이 미국 시장에 다시 진출하는 것을 비롯해 신생 검색 업체인 첫눈의 인수, 일본 검색 시장에 대한 전략 수립 등 중요한 사안들이 전략위원회에서 대부분 다뤄졌다.

　전략위원회와 같은 집단 의사결정 체제를 유지할 수 있는 것은 각 담당자들을 전문가로 인정해 그들에게 결정을 믿고 맡겼기 때문이다. 김범수는 한게임 시절에 단 한 번도 중요한 의사결정을 단독으로 내린 적이 없었다. 이는 한게임과 네이버가 합병해 NHN이 된 후 더욱 체계화됐다. 이런 부분에 있어서 네이버와 한게임은 정말 잘 맞는 조합이었다.

　보통 집단적으로 의사결정을 할 경우, 한두 사람에 의해 결정할 때보다 다양한 의견을 반영하고 합리적인 결정을 할 수 있다는 장점이 있다. 하지만 그만큼 시간이 오래 걸리기 때문에 빠른 의사결정이 필요한 기업에서는 적당치 않은 면이 있다.

　역설적으로 NHN의 집단적 의사결정의 장점은 바로 속도에 있었다. 외부에 있다가 NHN에 입사한 사람들은 이 속도에 놀라움을 느껐다. 벤처 기업이 대기업보다 아무래도 의사결정이 빠른 편이지만 NHN은 이미 1,000명이 넘는 큰 조직이었다. 그런데도 NHN이 집단적으로 다양한 의견을 반영하면서 신속하게 움직일 수 있다는 것은 큰 강점이자 경쟁력이었다.

결정의 속도보다 더 놀라운 것은 전략위원회의 운영 방식이었다. 당시 전략위원회가 열리는 16층 회의실에서는 회의가 열릴 때마다 항상 큰 소리가 났다. 보통 경영진들이 모여서 대화를 나누면 조용조용하기 마련인데 회의가 벌어질 때마다 격한 토론 분위기가 됐다. 사안에 대한 다양한 의견이 충돌하면서 열띤 토론이 되곤 했던 것이다.

NHN이 전략위원회를 운영하게 된 것은 김범수의 생각이었다. 김범수는 한게임 시절부터 집단적으로 토론하고 그 자리에서 결정을 내리는 것으로 유명했다. 김범수는 이를 NHN에도 적용했다. 그는 대화를 중시했지만 그에 못지않게 충돌도 중요하게 생각했다. 충돌이 없는 조직은 죽은 조직이라는 게 김범수의 생각이다. 충돌한다는 것은 조직이 경직되지 않고 살아 있으며 자유로운 의사 표현이 가능한 조직이라는 의미였다.

단, 김범수가 생각하는 충돌에는 조건이 있었다. 그것은 신뢰다. 의사결정을 위한 의견 충돌은 오해를 불러일으키거나 앙금이 남을 수도 있기 때문에 서로에 대한 신뢰가 필수적이다. 서로에 대해 신뢰할 수 없으면 충돌을 일으키며 대화하기 어렵다. NHN 시절 이것이 가능했던 것은 기본적으로 네이버 창업자들과 한게임 창업자들이 오랫동안 동고동락하면서 서로를 잘 알고 있었기 때문이고, 이들의 스타일이 자신의 생각을 속에 그냥 담아두기보다는 적극적으로 이야기하면서 서로 조율해나가는 것을 선호했기 때문이었다. NHN은 전략위원회에서의 충돌을 통해 조직을 혁신하며 성장을 멈추지 않았다.

하지만 빛이 있으면 그림자도 있는 법. NHN은 고속 성장을 하면서 상당히 많은 것을 잃어가고 있었다. 우선 한게임의 성격부터 본래 의도와는 크게 어긋나기 시작했다. 검색 부분이 급성장하고 포털 네이버 사용자가 늘면서 NHN의 중심축이 이동하자 NHN을 이끌어왔던 경영진에도 변화가 생길 수밖에 없었다. 여기에 회사 구성원이 급증하면서 NHN은 초기 창업자들을 중심으로 똘똘 뭉쳐 있고 의사소통이 잘되던 조직의 모습이 사라져갔다. NHN이 어느덧 대기업이 된 것이다.

NHN이 대기업의 모습을 띠게 된 것은 2007년과 2008년을 전후로 매출액이 1조 원을 돌파하던 무렵이다. 2008년 연간 매출액 1조 원을 돌파한 NHN은 2009년에 NHN과 NHN 비즈니스플랫폼으로 분사한 후에도 계속 성장을 지속했다. 2010년에는 매출액 1조 3,125억 원, 영업이익 6,071억 원의 실적을 올렸다. NHN 비즈니스 플랫폼의 실적(2010년 매출액 3,450억 원)까지 합하면 매출액은 1조 6,500억 원에 달했다. 엄청난 성장은 주가 상승으로 이어졌다. 코스닥 시장에서 증권거래소 시장으로 옮겨온 NHN의 2011년 시가총액은 LG전자를 뛰어넘을 정도로 거대해졌다.

해외 진출,
마침표를 찍을 수 없는 꿈

김범수는 2004년 중국의 게임 업체 아워게임과 전략적 제휴를 체결하면서 의욕적으로 중국 시장 진출을 진행하기 시작했다. 그러나 그 과정은 결코 순탄하지 못했다. 초창기였던 중국 온라인게임 산업이 급성장할 것을 예측해, 전략 제휴에 뒤이어 아예 아워게임의 인수를 추진했다. 그 인수 가격에 대한 논란이 일었다. 1,000억 원이 넘는 금액이 너무 과도하다는 지적이었다. 아워게임을 인수한 바로 그다음 해 중국 정부의 사행성 게임 규제에 걸려 사업을 접을 뻔했던 위기를 겪기도 했다. 아워게임의 포털 사이트인 렌종은 2006년 흑자를 냈지만 2007년 다시 적자로 돌아서는 등 어려움이 계속됐다. 무협과 귀신을 소재로 한 귀혼을 비롯해 한국에서 들여온 게임 대부분이 실패를 면치 못했고 중국에서 직접 개발한 게임들은 사행성 이슈가 불거질 때마다 타격을 입었다.

NHN이 이렇듯 중국에서 시행착오로 고생하고 있는 동안 렌종과 경쟁 관계에 있던 텐센트 등 후발 주자들이 중국 온라인게임 시장의 강자로 치고 나오며 성장했다. NHN에게 중국은 규모나 성장 면에서 놓칠 수 없는 시장이었다. 그러나 중국 법인의 계속된 부진은 NHN의 골칫거리가 돼가고 있었다.

NHN은 2009년부터 해외 법인을 통한 해외 진출을 축소하고 글로벌 서비스 플랫폼을 바탕으로 한 해외 사업을 전개하겠다는 뜻을 밝혔다. 2009년 NHN 대표로 취임한 김상헌은 취임 직후부터 NHN의 해외 사업 중 실적을 내지 못하는 법인에 대한 불만을 지속적으로 제기했다. 때문에 시장에서는 NHN이 곧 해외 법인을 차례로 정리할 것이란 예측이 나왔다. 그리고 NHN은 대만과 홍콩 등에서 사업을 진행해왔던 NHN 타이완을 청산했다. 뒤이어 2010년 NHN은 중국 사업을 접겠다는 결정을 내렸다.

NHN은 중국에서 운영하고 있는 합작 법인 아워게임의 지분 55퍼센트 전량을 매각한다고 금융감독원에 공시했다. NHN은 중국 하이훙사와 공동으로 투자해 2004년 아워게임을 설립했다. 중국 시장에 진출한 지 6년 만에 철수하게 된 셈이었다. 아워게임은 NHN이 지분을 전량 매각하고 철수할 때까지도 회원이 1억 7,000만 명에 달하는 대형 게임포털이었다. 하지만 실적 부진이 거듭되고 있었다. 제대로 된 영업이익을 올린 적이 한 차례도 없었고 2010년 들어와서도 영업 적자가 누적되는 등 부진이 지속됐다. 김상헌은 아워게임의 지분을 매각하면서 중국 시장에서 완전히 철수한다고 선언했다. 중국 시장 공략에 대한 향후 계획도 수립하지 않은 완전한 철수였다.

NHN의 이 같은 움직임은 NHN이 그동안 성장해온 전체 역사를 놓고 볼 때 큰 변화였다. NHN은 원래 국내 서비스가 제대로 정착되기 전부터 해외시장에 뛰어든 회사였다. 2000년에 일본 시장에 진출했고 2001년에는 미국 시장으로 나아갔다. 해외 사업은 NHN의 발전사에서 매우 중요한 한 축이었다. NHN의 주식 가치를 평가할 때 국내 최대 인터넷 기업이라는 점 외에도 해외에 지속적으로 진출하고 해외에서 성과를 거두는 회사라는 점이 중요하게 부각됐다. 하지만 어느 순간부터 NHN은 해외에서 발을 빼기 시작했다. 지금은 사실상 NHN의 해외시장은 일본밖에 남지 않게 됐다. 이것은 NHN이 이제 더 이상 글로벌 기업이라고 할 수 없게 됐다는 것을 뜻했다. NHN의 행보에 대해 천양현은 다음과 같은 평가를 내렸다.

"글로벌의 뜻은 말 그대로 전 세계를 무대로 서비스를 한다는 것이다. 한국은 하나의 로컬이고 일본도 하나의 로컬일 뿐이다. 일본에서 서비스를 한다는 것으로 글로벌 회사가 됐다고 볼 수 없다. 그저 일본과 한국이라는 두 개의 지역에서 서비스를 한다는 의미만 있다."

NHN이 이렇게 된 것은 물론 김범수의 부재 때문이었다. 김범수와 함께 해외시장 개척을 상징하는 인물들의 부재가 NHN 내부에서 해외시장에 대한 열망을 사라지게 만들었다. 무엇보다 사라진 이 인물들은 한게임을 창업했던 멤버들이고 NHN 의사결정의 한 축을 담당하던 인물들이었다.

NHN에서 해외시장 개척에 대한 의지가 완전히 사라졌다고 할 수는 없다. NHN 의장 이해진은 네이버 재팬의 일본 시장 안착에 공을 들이고 있다. NHN의 핵심 멤버들 중 네이버 쪽 인사들 상당수는 일본에서의 인터넷 사업에 투입돼 있는 상태다.

김범수와 이해진은 크게 다르다. 김범수가 과감한 승부사요 모험가라면, 이해진은 꼼꼼한 전략가다. NHN의 내부에는 좀 더 차분하고 전략적인 해외시장 접근법이 자리를 잡게 됐다고 봐야 할 것이다. 하지만 그것이 기존 김범수 방식의 과감한 결단과 건곤일척의 승부수를 던지는 스타일보다 해외시장에 진입하는 데 있어 낫다고 보기는 힘들다.

꼼꼼하고 전략적인 판단을 하는 것은 리스크를 줄여줄 수는 있지만 자칫 진출의 적기를 놓칠 가능성이 높다. 어떤 서비스든 출시 시점이 제품의 질 못지않게 중요하다는 것을 감안하면 김범수가 떠나면서 NHN에 이해진 스타일의 해외 진출 전략만이 유일하게 남았다는 것은 아쉬운 대목이다.

중국과 함께 NHN의 해외시장 개척에 있어서 중요했던 곳은 미국이었다. 그리고 미국 시장 개척을 진두지휘한 인물 역시 김범수였다. 김범수는 2005년에 NHN USA를 설립했다. 김범수는 이때야말로 온라인게임으로 미국 시장에서 승부를 볼 최적의 시기라고 판단했다. 김범수는 미국의 달라진 시장 조건과 분위기를 긍정적으로 봤다. 실제 상황도 그랬다.

일단 온라인게임 시장 형성의 토대가 되는 브로드밴드, 즉 초고속 인터넷이 널리 보급되기 시작했다. 국토가 넓은 덕에 낮은 비율에 머물렀던 미국의 초고속 인터넷 보급률이 50퍼센트를 넘어섰고 빠르게 올라가고 있었다. 김범수는 환경 변화에 따라 미국인들도 점차 온라인에서 게임을 네트워크로 한다는 것에 익숙해지고 있다고 봤다. 시장조사 기관의 결과도 이를 뒷받침해줬다. 문화관광부와 한국게임산업개발원이 편찬한 『대한민국 게임 백서 2006』에 따르면 2004년 약 6억 3,900만 달러(약 6,543억 원)였던 미국 온라인게임 시장은 2005년에는 9억 700만 달러(약 9,287억 원)로 성장했다. 2006년에는 12억 2,600만 달러(약 1조 2,554억 원)에 달할 것으로 예상됐다.

그때까지만 해도 캐주얼게임이 온라인게임 시장의 대부분을 점유하고 있는 상황이었지만, 콘솔게임 중심 제작사들도 온라인게임 시장에 크게 관심을 보이고 있었고 본격적으로 시장에 진입하기 위한 준비를 하는 추세였다.

김범수는 미국 시장에 자신감 있게 진출했다. 미국 시장은 김범수의 예측대로 움직여줬다. 하지만 시장이 커지는 것이 그대로 회사 실적으로 연결되지는 못했다. 법인을 세우고 실제로 미국에 가보니 완전히 아무것도 없는 곳에서 시작하는 것과 같았다. 예상 밖으로 기반이 없었다. 시장의 여건은 무르익고 있었지만 한국에서 한게임이 잘해왔던 보드게임류는 미국 시장에서 전혀 통하지 않았다. 미국 현지의 인맥과 연결되는 것도 어려웠고 결제 방식이나 게임 내의 문화 등 해결해야 할 것이 산적했다. 하지만 그에 비해 시간은 부족했고 인력도 없었다.

중국과 미국 시장은 NHN으로서는 어쩔 수 없는 도전이었다. 미국 사업은 중국 사업과 또 다른 측면에서 어려웠다. 중국은 시장이 급성장하고 있었지만 강력한 경쟁자들이 너무 많아 고전했고, 특히 정부의 규제 때문에 시행착오를 많이 겪었다. 미국에서는 저변은 만들어지고 있었지만 전체 게임 시장에서 온라인게임 분야의 비중이 너무 미미했다. 의미 있는 매출 증가를 기대하기 힘들 정도로 미국에서는 부진이 지속됐다.

2005년에 NHN은 미국 시장에 진출했지만 2011년 현재까지도 NHN USA는 미국 현지에서 확실한 게임 사업자로서 자리를 잡지 못하고 있다. 이 회사가 정상 궤도에 오르기 전 NHN USA 설립을 독려했던 김범수가 나왔기 때문에 어려움은 더욱 가중됐을 가능성이 높다. 남궁훈이 뒤이어 NHN USA를 맡았지만 그는 NHN USA 대표가 되자마자 시스템 안정화와 외부로부터의 해킹 공격을 방어하는 데 대부분의 시간을 보내야 했다. 그만큼 NHN USA가 구축해 놓은 시스템은 불안정하기 짝이 없었다. 김범수 본인도 NHN USA가 제대로 자리를 잡지 못했음을 인정할 수밖에 없었다. 김범수의 글로벌 온라인게임 회사를 키우겠다는 꿈이 중국과 미국이라는 암초를 만나 비틀거리고 있었다.

김범수는 1999년 한게임을 세상에 내놓을 때, 아니 그 전에 후배의 사무실에서 전 세계인이 네트워크로 연결된 게임 세상을 꿈꿀 때부터 글로벌 시장에서 자신이 만든 게임을 유통시키는 그림을 그려왔다. 그는 꿈을 꿨고, 그 꿈을 상당히 많이 실현시켰지만 아직 마침표를 찍지는 못했다. 그러나 눈에 보이는 성과를 내지 못한 채 고전하는 상황이 지속됐고, 시간이 흐를수록 NHN에서 그 꿈을 이루기는 힘들어 보였다.

NHN은 국내 이슈가 너무 많은 회사가 됐고 회사의 중요한 결정들이 국내의 사업 향방에 의해 결정되는 회사가 돼버렸다. 미국과 중국이 뚜렷한 성과를 보이지 못하고 있을 무렵, 김범수는 침묵에 들어갔고 곧 중요한 결정을 내렸다.

다음 VS 네이버,
검색으로 1등하다

2001년 라이코스를 몰아내고 네이버가 국내 포털 사이트 페이지뷰 3위를 차지하자, NHN 사무실은 축제 분위기가 됐다. 자신감에 넘친 직원들은 이제 야후도 얼마 안 남았다며 2위 상승을 자신했다. 당시 네이버의 검색 순위 급상승은 2000년에 나온 지능형 검색엔진 '통합 검색'의 힘이 컸다. 하지만 국내에 인터넷이 도입된 직후부터 네티즌들의 검색 도우미로 끊임없는 사랑을 받아온 야후 코리아는 역시 넘기 어려운 벽이었다.

검색엔진을 끊임없이 개선하고 백과사전, 이미지, 뉴스 등 콘텐츠를 보강해 사용자가 되도록 많은 검색 결과를 얻을 수 있도록 노력했지만 야후의 2위 수성은 계속됐다. 2002년 초, NHN의 사장 이해진은 어느 포털 사이트나 하는 웹페이지 검색이나 사전, 뉴스 검색 외에 획기적인 검색 서비스를 도입해야만 야후를 누를수 있을 것이라 생각하고 이에 대한 검토를 지시했다. 웹 사이트에 널려 있는 정보와 지식을 거두는 데 머물지 말고, 사람들 개개인의 머릿속에 들어 있는 경험과 노하우를 끄집어낼 수 있는 방안을 연구하라는 지시였다.

NHN 검색기획팀은 이미 1999년부터 운영돼오던 한겨레 디비딕에 주목하게 됐다. 아울러 해외에서도 네티즌들끼리 묻고 답하는 방식이 매우 인기를 끌고 있음을 발견했다. 회원들끼리 질문을 올리고 답을 해주면서 지식을 데이터베이스화하는 디비딕은 『너 이거 아니?』란 제목으로 도서를 발간하는 등 인기를 끌었지만 대중화에는 결국 실패했다. NHN 측은 먼저 디비딕이 대중화에 실패한 이유를 철저히 분석했다.

디비딕은 별도 사이트에서 운영됐기 때문에 이용자들의 자발적

참여로 지식을 쌓고 이를 이용할 수 있는 채널이 부족했다. 디비딕은 한정된 마니아들만의 공간이었다.

NHN 검색기획팀은 네티즌들이 궁금한 것을 알기 위해 디비딕을 일부러 찾아가야 하는 수고를 번거로워하며 그보다 검색엔진에서 키워드를 입력해 곧바로 답을 얻기를 원한다는 것을 알아냈다. 이는 거꾸로 디비딕을 네이버에 적용하면 최고의 효과를 얻을 수 있다는 것을 말해줬다. 이 분석을 바탕으로 특정인들의 커뮤니티에 갇혀 있던 디비딕을 모든 이의 열린 공간으로 확장시켜보기로 했다.

이해진은 김정호 부사장, 김보경 팀장 등 네이버의 핵심 멤버들과 토론을 거쳐 세 명의 출중한 기획자, 개발자들에게 이 일을 맡겼다. 오랫동안의 산고 끝에 2002년 10월, 네이버의 '묻고 답하는 지식커뮤니티-지식인'이 탄생했다. 네티즌들의 반응은 폭발적이었다. 답변을 해도 특별한 물질적 혜택이 주어지는 것이 아니었다. 그런데도 일부 열성적인 네티즌들은 밤잠을 설쳐가며 답변을 달아주는 데 매달렸다.

'약속을 할 때는 왜 새끼손가락을 걸고 할까'처럼 흥미로운 질문을 올리는 이들도 사이트에 활력을 더했다. 유머 게시판을 뺨칠 정도로 재밌는 문답도 많이 올라왔다. '연예인 노출이 뭔가요?'라는 질문에 '그저 감사할 따름이죠'라고 했던 답변은 유명세를 타면서 지식인의 초기 인지도를 높이는 데 크게 기여했다. 결국 지식인의 인기에 힘입어 네이버는 2003년 1월 검색 페이지뷰 1위를 차지했고 5월에는 드디어 야후를 누르고 전체 페이지뷰 2위를 차지했다.

포털 사이트들은 지식인의 놀라운 성공을 벤치마킹해 너도나도 지식 검색 서비스를 오픈했다. 2003년 4월 엠파스가 디비딕을 인수해 지식거래소를 시작한 데 이어, 세이클럽, 프리챌, 라이코스 등 대부분의 포털 사이트가 지식 검색을 필수 서비스로 채택했다. 야후도 뒤늦게 지식 검색 서비스를 시작했다.

2003년부터 본격적으로 밀어붙인 지식 검색 서비스가 본궤도에 오르면서 검색 페이지뷰가 급증하자 이것이 프리미엄 검색 광고 매출로도 이어졌다. NHN의 프리미엄 검색 광고 매출은 2003년 1분기 79억 원에서 2분기 103억 원, 3분기 116억 원 등으로 계속 증가했다.

하지만 여기서 눈여겨 볼 대목이 있다. 결과론적으로 네이버가 다음, 라이코스, 야후를 제치고 검색 1위, 더 나아가 전체 포털 1위에 오를 수 있었던 것은 각종 검색 서비스와 검색 광고 모델 때문이었지만 이를 가능하게 한 기반은 따로 있었다는 데 주목해야 한다.

한게임과 합병 전 네이버는 포털 사이트로서의 순위가 7위에 지나지 않았다. 야후, 다음은 물론이고 네띠앙, 프리챌, 엠파스 등이 네이버보다 상위에 있었다. 후발 주자인 네이버가 앞으로 치고 나가기 위해선 두 가지가 필요했다. 한 가지는 당연히 돈이었다. 검색 기술을 개발하기 위해선 무엇보다 막대한 개발비가 필요했다. 1990년대 말에는 비교적 투자 자금을 구하기 쉬울 때였지만 후발 업체가 무한정 돈을 조달하긴 쉽지 않았다.

다른 하나는 출중한 검색엔진과 이를 개발·적용할 수 있는 엔지니어 집단이었다. 우선 네이버 창업자인 이해진은 대학교 동문이자 삼성SDS 입사 동기인 한게임 창업자 김범수와 의기투합했다. 하지만 그것만으로 모든 문제를 해결할 수 없었다. 검색엔진을 개발하는 것은 게임을 개발하는 것과는 완전히 다른 일이었다. 특화된 인재와 좋은 소스 프로그램이 필수적이었다.

검색 솔루션 업체인 서치솔루션의 최고기술책임자(CTO)인 이준호는 이것을 모두 갖고 있었다. 이해진은 한게임, 서치솔루션을 네이버와 합병하는 방식을 취했다. 그로서는 절묘한 선택이었다. 하지만 이 과정에서 이준호의 입김이 크게 작용했다. 회사의 규모나 직원의 수, 매출 가능성 등을 염두에 뒀을 때 한게임은 서치솔루션과 결코 같은 선에서 합병 대상이 될 수 없었다. 서치솔루션이 미래의 가능성을 위한 투자였다면 한게임은 이미 당시 막대한 회원 기반을 갖춘 회사였다. 하지만 네이버와 한게임이 합병을 고민할 당시 이준호는 검색엔진을 엠파스에 제공하는 승부수를 띄운다. 이로 인해 마음이 조급해진 이해진은 서둘러 합병을 결정하게 된다.

만약 이때 김범수가 이런 결정에 실망하고 합병을 보이콧했으면 지금의 NHN은 없었을지도 모른다. 하지만 신세계를 좇았고, 당장 눈앞의 이익보다 큰 그림을 그리고 승부수를 띄우는 것을 좋아했던 김범수는 아쉬움을 뒤로한 채 자신의 지분율이 10분의 1로 줄어드는 것을 감수하면서 합병을 받아들였다.

네이버와 다음의 포털로서의 승부는 2004년에 최종적으로 결론이 나지만 실질적인 승부는 이미 2000년부터 시작됐다고 봐야 한다. 한게임, 서치솔루션과 합병을 완료하면서 회원 기반과 검색 기술력, 인재 등을 확보한 후 네이버는 2000년 통합 검색, 2002년 지식인 등을 잇따라 선보이면서 검색 시장에서 확실하게 차별화된 우위를 보이기 시작했다. NHN은 그 기반을 이미 2000년에 닦은 셈이다.

세상을 다른 관점으로
보는 눈을 키우다

가우스 공식에 충격을 받은 소년 김범수

따뜻한 초가을의 햇살이 창을 통해 가득 들어와 저도 모르게 깜빡 졸음이 올 법한 9월의 어느 날, 독일 브라운 슈바이크의 성(聖)캐서린 초등학교 4학년 교실. 종이 치자 교실로 들어온 수학 담당 뷔트너 선생님이 학생들에게 문제를 낸다.

"자, 오늘은 내가 내는 문제를 하나 풀고 수업을 시작하도록 합시다. 1부터 100까지 숫자를 다 더해보세요. 가장 빨리 푼 사람은 손을 들고 말하고요."

웅성웅성. 여기저기서 작은 탄식이 나온다. 100까지 언제 다 더하냐며 투덜대는 아이가 있는가 하면 열심히 숫자를 노트에 쓰는 학생도 있었다. 어쨌거나 선생님이 낸 문제로 교실은 일순간 조용해졌다. 1, 2, 3 ……, 숫자를 하나씩 차례로 더하느라 학생들의 머리와 손은 제각각 분주해졌다.

학생들의 이런 모습을 보고 뷔트너 선생님이 교탁 옆 작은 의자에 막 엉덩이를 붙였을 무렵이었다. 한 학생이 손을 번쩍 들었다. 문제를 낸 지 불과 10여 초가 지난 시점이었다.

"선생님 다 풀었어요!"

"벌써 다 풀었다고? 그럴 리가 없는데, 나와서 풀 수 있겠니?"

이 학생은 칠판에 다음과 같이 적었다.

$$1+2+3+4+5+\cdots+96+97+98+99+100$$
$$100+99+98+97+96+\cdots+5+4+3+2+1$$
$$101+101+101+101+101+\cdots+101+101+101+101+101=10{,}100$$
$$10100\div2=5{,}050$$

가우스의 공식으로 유명한 이 법칙은 일련의 숫자들을 더하고 뺄 때, 가장 널리 쓰이는 방식이 됐다. 18세기 말의 소년 가우스를 유명하게 만든 일화다.

가우스 공식이 나온 후 200년이 지난 한국에서 그가 문제를 풀 때와 똑같은 나이에 이 공식을 접한 소년이 있었다. 김범수라는 이 소년은 백과사전을 보다가 가우스 공식을 처음 알게 됐다. 이 소년에게 가우스 공식은 엄청난 충격으로 다가왔다.

자신과 또래인 소년이 저 멀리 독일에서 200년 전에 이런 공식을 만들었다는 것이 믿을 수 없을 정도로 신기했다. 하지만 더 큰 충격은 그가 같은 또래라서가 아니었다. 다른 모든 소년들이 1부터 차례대로 숫자를 하나씩 더하고 있을 때 전혀 다른 생각을 할 수 있었던 발상의 전환이었다. 그 발상의 전환은 문제를 다른 관점으로 보고 더하는 순서를 뒤집는 데서 시작됐다.

소년 김범수는 세상의 중요한 발견은 이 같은 관점의 차이에서 비롯된다는 것을 가우스의 공식을 통해 어렴풋하게 알게 됐다. 가우스의 공식을 알게 된 이후, 소년 김범수는 마치 세상의 진리를 알 수 있는 자신만의 작은 비결을 갖게 된 것 같았다. 또래 친구들은 아직 잘 모르고 있는 그런 것 말이다.

소년은 이것을 그냥 알고 있는 것에 그치지 않았다. 그는 자신만이 알게 된 가우스의 공식을 응용한 숫자 놀이 게임을 친구들과 했다. 일련의 숫자들을 누가 더 빨리 더하는가를 겨루는 게임이었다. 단순한 게임이었지만 비결을 아는 소년에게 친구들은 상대가 되지 않았다.

심심할 때마다 백과사전을 들여다보며 가우스 공식 같은 지식과 정보들을 섭렵하게 된 소년 김범수는 퀴즈를 만들어 사람들과 재밌게 게임하는 게 좋았다. 백과사전을 뒤져 직접 퀴즈를 만들고 반에서 대회를 열었다. 퀴즈를 많이 맞혀 1등을 한 친구에게는 노트나 연필을 포장해 준비한 상품을 주기도 했다.

어린 시절 실컷 놀면서 배운 것

김범수는 2남 3녀 중 셋째로 태어났다. 위로 누나가 둘 있었고 아래로 남동생과 여동생이 하나씩 있었다. 부모님의 고향은 전라남도 담양. 부모님은 농사를 짓던 평범한 집에서 자랐고 자신들도 고향에서 농사를 지었다.

부모님은 다섯 남매의 교육을 위해 노모를 모시고 무작정 서울로 올라왔다. 아버지는 중학교 졸업, 어머니는 초등학교 졸업. 아버지는 막노동과 목공일을 했고, 어머니는 지방에 머물며 식당 일을 했다. 집안이 가난했기 때문에 부모님은 맞벌이를 했고 항상 일거리를 찾아 옮겨다닐 수밖에 없었다. 소년 김범수는 그래서 어릴 때 어머니와 시간을 많이 보내지 못했다.

서울로 올라온 김범수의 가족은 단칸방에 부모님과 다섯 남매, 할머니까지 무려 여덟 식구가 살았다. 김범수의 가족은 이사라면 지긋지긋할 정도로 많이 다녔다. 어렸을 때 항상 짐 보따리를 들고 다니며 이사를 한 기억 때문에 그는 지금도 이사를 싫어한다. 가난에 대한 두려움, 일종의 트라우마는 이때 생겼다.

김범수가 중고등학교 시절 부친은 정육 도매업을 했다. 그 당시 사업을 하면서 겪었던 가정의 어려움을 김범수 가정도 다 겪었다. 부친의 사업이 자리를 잡아가면서 가정 형편도 조금씩 나아졌다.

집안 형편이 넉넉할 때나 어려울 때나 상황이 어떻든지 간에 부모님은 항상 한결같았다. 김범수의 부모님은 '자유방임주의'를 자녀교육의 철칙으로 삼았다. 한 번도 뭘 하라고 김범수에게 강요한 적이 없었다. 그저 알아서 하도록 내버려뒀다. 김범수는 어릴 적부터 모든 계획을 스스로 짰다. 노는 것도, 공부하는 것도 모두 스스로 계획을 세워 했다. 그는 놀 때는 걱정 없이 실컷 놀았다. 공부도 마찬가지였다.

한때 김범수는 자신이 스스로 모든 것을 이뤘다고 생각했다. 어릴 적 부모님이 자신을 그냥 내버려뒀기 때문에 오직 자신만의 힘으로 해왔다는 것이다. 그러나 그 생각은 곧 철없는 것임을 깨닫게 됐다. 부모님의 자유방임주의에 따라 어린 시절 스스로 목표를 세우고 실천한 덕에 스스로 문제를 해결하는 능력을 키울 수 있었다는 것을 깨달았기 때문이다.

독한 각오로 공부하다

서울대학교 합격자 발표가 나는 날. 김범수는 자신이 떨어졌다는 것을 확인하고 힘없이 집으로 돌아오고 있었다. 점수가 약간 모자란다는 생각은 했지만 막상 떨어진 것을 확인하니 침울했다.

집에 도착하자 뜻밖의 광경이 눈앞에 펼쳐졌다. 집 앞에 낯선 남자들이 들이닥쳐 웅성대더니 집안 곳곳에 스티커를 붙이기 시작했다. 1984년 하반기부터 위태위태했던 부친의 사업이 끝내 부도가 났던 것이다. 이날 집에 들이닥친 이들은 채권단, 이른바 빚쟁이들이었다. 그들은 차압 딱지를 모두 붙이고 사라졌다. 대학 진학에 골몰해야 할 시기에 집안 형편이 최악으로 치달았다.

김범수는 재수를 결정했다. 후기 대학에 들어갈 수도 있지만 그보다 등록금도 싸고 장학금 혜택도 있는 국립대인 서울대학교에 꼭 들어가야 했다. 어차피 후기 대학에 들어간다 해도 등록금으로 낼 돈이 없었다.

그는 서울대에 가야겠다는 각오를 다졌다. 마음이 흐트러질 때마다 손가락을 베서 혈서를 썼다. 재수를 하는 동안 혈서를 세 번 썼다. 고등학교 때부터 피웠던 담배도 끊기로 했다. 낱개로 파는 까치담배를 세 개비 사서 책상에 올려놓고 진짜 힘들 때만 피우자고 다짐했다. 1년 후 까치담배는 두 개비가 남았다.

1년 재수 끝에 김범수는 서울대학교 산업공학과 86학번으로 입학했다. 그해 서울대 공대에는 유난히 걸출한 인재들이 많이 입학했다. 재수를 한 김범수보다는 한 살씩 어리지만 이해진과 김정주(현 넥슨 회장), 송재경(엑스엘게임즈 대표), 김택진(엔씨소프트 사장) 등이 서울대 컴퓨터공학과 86학번으로 입학했다.

연세대에는 또 다른 탁월한 인물들이 공대에 진학했다. 연세대 컴퓨터공학과에는 이재웅(다음커뮤니케이션 창업자)이 86학번으로 입학했고 바로 옆 전기공학과에는 이택경(다음커뮤니케이션 공동 창업자)이 역시 86학번으로 들어갔다. 이들은 그로부터 불과 10여 년 뒤에 한국의 IT 산업을 이끌어가는 인물이 됐다.

독한 각오로 공부해서 들어간 대학이었지만 대학 생활은 그가 생각했던 것과 많이 다르게 시작됐다. 입학 첫날부터 밥을 사먹을 돈이 없었다. 처지가 그렇다 보니 사람을 사귀고 싶은 마음도 크게 들지 않았다. 아직 친하지도 않은 사람에게 밥을 사달라고 할 수는 없는 노릇이었다. 당시 서울대 학생회관 식당의 밥이 500원이었는데 그조차도 사먹을 수가 없었다. 김범수는 그냥 며칠을 굶었다.

그나마 김범수에겐 '서울대학교 학생'이라는 이름표가 있었다. 일단 첫 학기 등록금은 냈으니 학교는 다닐 수 있었다. 생활비를 벌기 위해 과외 아르바이트를 닥치는 대로 했다. 과외가 금지된 시절이었지만, 수업 외에 모든 시간을 쪼개 몰래바이트를 했다. 한꺼번에 다섯 가지 아르바이트를 한 적도 있었다. 대학 생활보다 아르바이트가 주가 될 정도였다. 자신의 생활비뿐만 아니라 가족들에게 보낼 돈까지 벌어야 했던 김범수는 남들보다 더 힘든 대학 시절을 보내고 사회에 나왔다.

가난 때문에 수없이 이사를 다니고 대학 등록금과 생활비를 벌기 위해 아등바등 아르바이트를 했던 김범수. 그의 절박한 도전과 성공을 향한 뜨거운 열정 뒤에는 이렇듯 어렵고 힘들게 지나온 과거가 있었다.

모바일 세상에서 새롭게 도전하다

배는 항구에 정박해 있을 때 가장 안전하다. 하지만 그것이 배의 존재 이유는 아니다. 이대로 안주하기엔 아직 젊다. 도전에 실패할 수도 있지만 두렵지 않았다. 실패하면, 실패를 거름 삼아 다시 도전하면 된다. 그러나 도전하지 않으면 실패도 성공도 없다.

1장

한 번의 성공에
안주하기에는
아직 젊다

김범수는 2006년 NHN 대표이사를 사임하고 미국으로 건너갔다. 그동안 한국에서 계속 해외 사업을 총괄 지휘했지만, 미국에서 서비스 출시를 앞두고 있는 만큼 총력을 다하기 위해서였다. 김범수는 게임포털 사이트 이지닷컴을 앞세워 미국 시장을 포함한 영어권 시장을 집중 개척할 계획을 갖고 있었다. 이지닷컴은 미국에서 한게임의 영문 명칭 'hangame'의 'hang'이 좋지 않는 의미로 쓰이는 경우가 많아 새로 정한 이름이었다.

미국 실리콘밸리에 있는 NHN USA의 사무실에 도착한 김범수는 가슴이 뭉클했다. 한국에서 처음 창업할 때 함께 고생하며 회사를 키웠던 사람들이 미국에서 다시 바닥부터 시작하고 있었다.

NHN이 미국 시장에 진출했던 2005년 초창기에는 직원이 채 10명이 되질 않았다. 이들 중 상당수는 NHN 초창기부터 김범수 의장과 함께 동고동락했던 직원들이었다. 그만큼 믿을 수 있고 실력이 있는 직원들이었기에 김범수는 미국 시장 도전이 든든했다. 하지만 한편으론 미안한 마음이 들 수밖에 없다. 낯선 환경 속에서 처음부터 다시 시작하는 셈이었기 때문이다. 김범수는 이들을 위해서라도 미국 사업을 성공적으로 이끌고 싶었다. 미국 사업이 성공한다면 NHN이 곧 글로벌 기업으로 발돋움하는 교두보를 마련하게 될 것이었다.

김범수는 남궁훈을 미국으로 불렀다. 남궁훈은 그때 한게임 부문장이었다. 김범수는 미국에서 힘겹게 시장조사를 하고 이지닷컴의 오픈을 준비하면서 남궁훈이 있어야겠다는 생각을 절실히 했다. 한게임 초기부터 사이트를 만들었고 각종 시스템의 버그나 운영상의 문제점을 전부 알고 있는 남궁훈이 오면 현지 업무에 큰 도움이 될 터였다.

남궁훈이 NHN USA 최고운영책임자(COO)로 오고 나서 얼마 안된 때였다. 저녁 늦게 김범수가 사무실에 들렀다. 12시가 다 된 시간에도 사무실에는 남궁훈과 NHN USA 직원들이 거의 빠짐없이 자리를 지키고 앉아서 서비스 프로그램에 대한 논의를 하고 있었다.

김범수는 갑자기 한게임을 창업했을 때가 떠올랐다. IMF로 위기를 겪으며 그나마 있었던 직원들이 다 나가고 삼성SDS 때부터 같이 있었던 문태식만 한게임에 남아 있었다. 그런 어려운 상황에서 새로 입사한 직원들이 일하는 모습을 보면서 김범수는 마음을 다잡았었다. 그때 그들이 다시 여기에 있으니 김범수의 마음이 뜨거워질 수밖에 없었다. 김범수는 자신을 믿고 따라준 직원들이 고마웠다.

김범수는 자신의 가장 큰 복으로 회사 일을 자기의 일로 생각하는 사람들과 함께 일해왔다는 것을 꼽는다. 그들은 묵묵히 그를 뒷바라지하고 힘을 보태온 가족들이나 동지라고 할 수 있는 공동 창업자, 함께 의기투합한 후배들보다 고마운 사람들이었다. 그런 사람들을 지켜주고 함께 성과를 이루고픈 마음에 김범수는 어떻게든 미국 법인을 안착시키려고 했다.

그의 마음속에 있는 '책임져야 할 사람들이 있다'는 생각은 세월이 지나면서 점점 외연이 확장됐다. 자신이 설립한 회사에서 일하고 있는 직원들의 범위를 넘어서 한국에서 사업을 하는 벤처 기업인들, 여기서 일하는 종사자들에 대한 책임의식으로 확대됐다. 벤처 기업인 100인을 키우겠다는 최근의 계획은 이때 생긴 책임의식에서 싹텄다.

　　김범수의 벤처 기업인 100인 육성 계획은 그냥 문득 떠오른 생각이 아니다. 김범수는 자신이 했던 고생을 후배들은 좀 덜 했으면 좋겠다는 생각을 했다. 자신이 살아온 사회를 위해 할 수 있는 것이 창업을 하려는 젊은 기업가들을 지원하는 일이 아닐까 하는 결론에 이르게 된 것이다. 견실한 벤처 기업인 100명이 있으면 한국은 그 자체로 새로운 성장 동력을 만들 수 있을 것이고 거기서 새로운 시대의 비전을 발견할 수 있을 거라고 생각했다.

NHN 사임,
초심으로 돌아가기 위해 떠나다

2007년 9월, 미국 사업을 총괄하며 NHN USA 대표를 맡고 있던 김범수는 자신의 손으로 만들고 자신이 주요 주주로 있던 NHN을 떠난다고 발표했다. 아주 극적이진 않았다. 스티브 잡스처럼 이사회에서 그를 몰아내기로 결정했다든가 개인적인 어려움이 있었다든가 NHN, 특히 한게임이 어떤 급격한 실적 부진을 겪지도 않았다. 시장은 그의 사임을 충격적으로 받아들였다. 그의 사임은 이해진과 함께 NHN을 공동 설립한 지 7년 반 만의 일이었다.

공교롭게도 김범수의 사임 직후 NHN 창업 멤버 중 한게임 쪽 인사들의 사퇴가 줄줄이 이어졌다. 2008년에는 천양현이 NHN 재팬을 퇴사했고, 2009년엔 남궁훈이 NHN USA 대표직을 사임하고 회사를 그만뒀다. 2010년엔 김정호가 한게임 대표직을 그만두기에 이른다. 문태식은 이미 회사를 그만둔 지 오래였다. 한게임 창업 멤버들의 잇따른 퇴사에 외부에서는 NHN에서 게임 인맥이 검색 인맥에 밀렸다는 평을 했다.

김범수는 한게임과 NHN을 잇따라 성공시키면서 자신이 생각했던 목표치를 초과해서 달성했다. 그러자 스스로 느끼기에 이전보다 의욕이 나지 않았다. 물론 NHN보다 더 큰 목표를 세울 수도 있었다. 하지만 1999년 한게임을 만들던 시절엔 그 정도까지 성장할 줄은 생각도 못했던 일이었다.

회사가 커지면서 조직을 관리하는 일이 점점 많아진 것도 김범수의 의욕을 꺾는 데 영향을 미쳤다. 삼성SDS를 그만둔 데는 조직 관리에 대한 염증을 느꼈던 이유도 있었다. 다시 그 상황에 처하자 그때와 똑같은 선택을 한 것이다.

아무리 창업자라고 해도 자신이 만든 회사를 자기 마음대로 할 수 있는 것은 아니다. 무엇보다 NHN의 경우 너무 빠른 속도로 컸기 때문에 갑자기 관리자로서 해야 할 일이 급격히 늘었다. 김범수로서는 그 점을 견디기 힘들었다.

같은 창업자지만 회사에 머무르는 것을 택한 이해진, 이준호와 같은 사람들과 김범수, 남궁훈, 김정호, 천양현 등은 스타일이 확실히 다르다. 이해진, 이준호는 회사가 커진 후 관리자와 전략가로서 자신의 위치를 재정립하고 적응해나갔다. 그것이 그들이 계속 회사에 있을 수 있는 이유였다. 하지만 김범수, 남궁훈, 김정호 등은 본래부터 승부사 기질이 다분했고 새롭게 도전하기를 즐겼다. 그들은 조직을 관리하는 것을 따분하게 생각하는 면이 많았다.

그렇다고 해서 그가 NHN을 나올 때 아쉬움이 없었던 것은 아니다. 김범수는 NHN을 나올 때 지인들과 직원들에게 자신의 상황을 배에 빗대서 이렇게 말했다.

"배는 항구에 정박해 있을 때 가장 안전합니다. 하지만 그것이 배의 존재 이유는 아닙니다."

김범수는 이대로 안주하기엔 스스로 아직 젊다고 생각했고, 새로운 도전을 다시 해보고 싶었다. 그 도전은 NHN 안에서 시작하는 것보다 밖에서 하는 것이 좋겠다고 판단했다. NHN 안에 있으면서 새로운 도전을 할 경우엔 크게 성공하거나 실패하더라도 그가 배울 수 있는 것이 적었다. 자신만의 힘보다 조직의 힘으로 이뤄지는 일이 대부분이기 때문이다.

인터넷 기업의 틀 안에서 벗어나 완전히 새로운 시도를 하고 싶다는 생각도 했다. 하지만 NHN 안에서는 그것이 쉽지 않았다. 조직

내에서 쉽게 용인되기도 힘들었고 조직 자체도 경직돼 있었다. 완전히 다른 생각을 해야 하는데 NHN의 경우 이미 나름의 성공과 성장에 대한 방정식이 있어서 그런 변화를 주기 힘들었다.

기존의 인터넷 환경에서 성장한 기업들은 웹을 쉽게 버리지 못한다. 김범수는 그게 발목을 잡을 수도 있다고 생각했다. 이를테면 웹에서 유용하게 쓴 카페는 모바일에서도 여전히 유효하다. 하지만 모바일의 카페는 웹의 카페와 전혀 다른 UI와 서비스 형태를 띠게 돼 있다. 기존의 웹에 기반해 성공했던 기억을 버리지 못하고, 그 틀에 갇혀 있으면 모바일에서 살아남기 힘들다.

김범수는 패러다임이 바뀔 시기가 오고 있다고 직감했다. 패러다임이 바뀌면 새로운 강자가 나타나는 것이 시장의 이치다. 김범수는 이 시기가 1990년대 PC통신에서 인터넷으로 넘어가던 때와 비슷한 상황이지만 모바일이 가져올 시장 규모의 변동은 그때보다 훨씬 더 클 것이라고 예상했다.

김범수가 NHN을 나와야겠다고 생각한 것은 어찌 보면 그가 삼성SDS를 나와야겠다고 생각한 것과 비슷하다. 물론 일개 직원이었던 삼성SDS에서의 생활과 창업자인 NHN에서의 생활을 단적으로 비교할 수는 없다. 하지만 기득권을 버리는 결정을 했다는 점에서는 같다. 삼성SDS에서는 직원에 불과했지만 대신 젊었고 남들이 보기엔 안정적인 대기업을 다니는 청년이었다. NHN에서는 존경받는 창업자이자 벤처 1세대로 자수성가한 부자였다. 삼성SDS에서나 NHN에서나 그는 그 안에서 충분히 할 일이 많고 할 수 있는 기회도 많은 사람이었다. 그러나 두 경우 모두에서 그는 기득권을 버리는 선택을 했다.

그 이후의 행적도 비슷했다. 1997년 삼성SDS를 나온 김범수는 1999년 한게임 서비스를 시작해 2000년 네이버와 합병해 NHN을 만들 때까지 2년 반 정도의 시간을 힘들게 보냈다. 2007년 NHN을 퇴사하고 2010년 카카오톡이 출시될 때까지 2년 반 동안 실패와 시행착오의 시기를 보냈다. 86학번인 그는 대략 10년에 한 번씩 인생의 중요한 큰 결정을 내리며 인생을 바꿨다.

삼성SDS를 나와 한게임이 본궤도에 오르기까지 2년 반의 시간 동안 그는 창업 자금을 모으고 사람을 얻었다. NHN을 나와 카카오톡이 나오기까지 2년 반 동안에는 가정에서 보다 많은 시간을 보내면서 가족의 마음을 얻을 수 있었다.

그가 회사를 나온 1997년과 2007년이 각각 전 세계적으로 큰 사업의 기회가 폭발하기 직전이었다는 것도 비슷하다. 1997년은 전 세계적으로 인터넷 비즈니스가 태동하는 시기였고, 2007년은 모바일 산업이 시작된 시기였다. 그는 이런 변화의 실체를 정확히 알지 못했지만 그냥 자신이 감지한 흐름의 변화에 몸을 던졌다.

김범수는 딱 집어 말할 수는 없었지만 어떤 변화가 오고 있다고 느꼈다. 그런 변화가 올 때는 움직이는 사람에게 기회가 오기 마련이다. 그는 1997년 삼성SDS를 나왔던 때보다 2007년 NHN을 나온 뒤 더 큰 기회, 더 큰 산업이 오고 있다는 것을 직감했다. 이런 놀라운 '감'을 지니고 자신을 믿고 뛰어들 수 있다는 것이 그의 최대 강점이다.

스마트폰이 촉발한 모바일 시대는 1990년대 중반 PC통신에서 인터넷으로 넘어가던 시기보다 더 큰 비즈니스 기회를 몰고 오고 있었다. 무엇보다 모바일은 글로벌 서비스의 비용을 확 줄여주는 효과가 있었다. 사업 비용은 줄어들고 기회는 많아진 것이다. 그는 모바일 시대에는 국내와 해외의 시장 장벽이 허물어진다는 점에 큰 의미를 뒀다. NHN 시절 그가 가장 아쉬웠던 것은 해외시장에서 주목할만한 성과를 내지 못했다는 것이다. 일본에서만 두드러진 성과를 냈다. 하지만 다른 시장으로 확장시키지 못했다. 때문에 처음으로 본격적인 글로벌 시장이 열린다는 점에 흥분했다.

그러나 게임을 제외하고는 해외에서 성공할만한 서비스나 콘텐츠가 없는 게 국내 현실이었다. 김범수는 오랫동안 해외시장을 다니면서 글로벌 서비스나 콘텐츠 비지니스에 대해 많은 생각을 했다.

이 사업은 시장 장벽도 높고 무엇보다 비용이 많이 드는 데 기회는 적었다. 글로벌화의 비용이 확 줄어든 모바일은 사업하는 입장에서 엄청난 장점이었다.

김범수는 모바일 세상이 가져올 해외시장으로의 확장 기회를 보면서 큰 그림을 그리기 시작했다. 100년을 가는 기업에 대한 꿈이었다. NHN을 창업할 때도 규모가 큰 회사보다는 100년을 가는 기업을 만들고 싶었다. 국내 기업사에는 100년을 넘긴 기업이 별로 없다. 한 기업이 100년을 가면 그 자체로 국가 경제에 크게 이바지한다. 그는 이제 NHN이 100년을 영속할 기반을 갖췄다고 봤고, 또 다른 100년짜리 기업을 만들기 위해 NHN을 나왔다. 모바일 세상에서는 그런 기회가 더 많을 거라고 기대했다.

다른 사람의 시선에
묶여 있지 마라

김범수가 자신이 창업한 NHN을 막 나온 2007년, 업계에는 소문이 무성했다. '창업자가 왜 스스로 회사를 떠났을까' 하는 누구나 가질 법한 의문이었다. 당연히 갖가지 추측이 꼬리를 물었다.

가장 먼저 NHN 창업자 간 불화설이 제기됐다. 가장 그럴듯한 소문은 'NHN 내부에서 네이버와 한게임 간 권력 다툼이 있었고 그로 인해 한게임 창업자들이 잇따라 퇴사했다'는 것이었다. 한게임 창업자 중 핵심 인물인 김범수의 퇴사는 그런 소문을 기정사실로 만들어버렸다. 오죽하면 김범수가 회사를 나가겠느냐는 거였다.

네이버와 한게임이 이질적인 조직이었고 서로 완전히 다르다면 다를 수 있는 그런 사업을 전개하고 있었기 때문에 물리적인 합병 후에 화학적인 합병까지 이상적으로 가는 길이 순탄하지는 않았을 것으로 관측된다. 하지만 그렇다고 해서 양측의 갈등으로 인해 한게임 측 인사들이 줄줄이 사퇴했다고 하는 것도 지나친 억측이다. 퇴사한 창업 멤버들 중에 네이버 창업의 핵심인 이해진이나 한게임 창업의 핵심인 김범수에 대해 불만이나 불평을 하는 사람은 없었다. 오히려 이들은 내부에서 할 만큼 해본 인물들이었다. 그들의 벤처 정신이 새로운 도전을 찾아 떠나게 만들었다고 보는 것이 더 정확하다. 무엇보다 게임 분야는 아직도 성장성이 높고 할 것이 많았다. 이들은 게임 업계에서 이미 대기업이 돼 안정적으로 성장하는 NHN 내부에 머무는 것보다 밖에 나가서 새로운 시도를 하고 싶다는 생각을 했다. 하지만 밖에서는 그렇게 생각하지 않았다. 김범수는 그 점이 억울했다.

김범수가 아무리 이해진 의장과의 관계에 아무 문제가 없으며 다만 자신은 새 술은 새 부대에 담아야겠다고 생각해 NHN을 나온 것이라고 설명해도 아무도 믿지 않았다. 김범수는 이때 사람은 모두 다른 사람들 눈의 노예일 뿐임을 절실히 느꼈다. 관점의 차이를 중요하게 여겼던 김범수였지만 다른 사람의 시선을 의식하지 않을 수 없었다.

다른 사람들의 시선은 대체로 고정관념에서 나오는 경우가 많다. 또 정보 부족이나 이해 부족에서 오는 편견인 경우도 많다. 물론 날카로운 지적이 나올 수도 있지만 그것을 내가 수용할 수 없다면 불편하고 힘들기는 마찬가지다. 지적하는 입장에서는 날카로운 비판일지라도 때에 따라선 비난과 마찬가지일 수 있다.

외부의 오해에 대한 김범수의 대응 방식은 그때나 지금이나 두 가지다. 회사에 대한 인식에 오해가 있으면 적극적으로 해명하고 풀려고 한다. 소비자들에게 미치는 영향이 크기 때문이다. 하지만 김범수 자신, 개인에 대한 것은 기업 가치에 크게 영향을 주지 않는다면 가만히 있는 편이다. 특히 김범수 자신의 거취에 대한 문제, 자신의 상황이나 심리에 대한 문제라면 거의 대응을 하지 않는다. 그저 시간이 해결해줄 것이라 믿고 조용히 기다리는 쪽을 택한다.

이 대응은 사내와 사외에서 다시 한 번 달라진다. 설혹 개인에 대한 이야기라 하더라도 사내에서는 비교적 적극적으로 해명을 한다. 사실을 전달하고 대화를 하면서 이해를 구하려고 노력한다. 하지만 사외에는 침묵으로 일관한다. 한게임이 네이버와 합병할 때 김범수가 한게임 내부 직원에게 적극적으로 자신의 입장을 표명한 것과 같은 연장선이다. 그는 NHN을 떠난 후에도 NHN 직원들에게 자신의 입장에 대해 비교적 적극적으로 해명했지만 외부적으로는 침묵

했다.

김범수는 정보가 차단된 상태에서 또는 편견을 갖고 있는 상태에서 해명하는 것은 의미가 없다고 생각한다. 사람은 누구나 자신이 보고 싶은 것만 보려고 하기 때문이다. 그걸 해명하고 자신을 이해해주길 바라면서 시간을 쏟느니 자기 본분에 충실해 그런 오해를 불식할 만한 다른 성과를 보여주는 게 훨씬 낫다는 것이 그의 지론이다.

말은 쉽지만 누구나 할 수 있는 일은 아니다. 그의 지인들이 흔히 말하듯 그가 갖고 있는 대인배 기질이 아니면 힘든 일이다. 남들의 잘못된 시선이나 오해에 일일이 대응하지 않고 자신의 더 큰 목표에 집중해 성과를 내는 것으로 오해를 불식시킨다는 것은 자신의 실력에 대한 자신감이 뒷받침돼야 가능한 일이다.

내 인생을 위한 결정은
검색으로 되지 않는다

어쩌면 도박일 수도 있는 창업에 계속 도전해왔던 김범수. 그에게는 멘토가 없다. 결단을 내려야 하는 순간이 오거나 진퇴양난의 어려운 상황에서 상의할 수 있는 사람이 없다는 것은 김범수가 가장 어려워하는 부분이며 약점이다.

김범수는 그런 순간이 닥치면 혼자서 생각한다. 어느 정도 윤곽을 잡고 나서야 다른 사람에게 자신의 생각을 공개하고 상의를 한다. 그 대상은 NHN 시절에는 한게임 경영진이었고 지금은 카카오 경영진이다. 하지만 김범수는 대부분 혼자서 생각하고 결정할 때가 많다.

　김범수에게 멘토가 없다는 것은 곧 그가 모든 것을 혼자 생각해 처리한다는 것을 뜻하지는 않는다. 그러나 인생의 중요한 결정에 있어서 그가 다른 사람의 판단이나 조언보다 자신의 깊은 고민과 결단에 의지한 바가 크다는 것은 의심의 여지가 없다.

　20세기 최고의 극작가이자 시인인 브레히트는 「동요하는 사람에게」라는 시를 통해 어렵고 힘든 순간일수록 그 어느 누구로부터 어떤 대답도 얻기 힘들며 오직 자신에게서 답을 찾을 수 있다고 강조했다.

　우리는 너무 힘든 순간이 오면 운명을 하늘에 맡길 수밖에 없다는 생각을 하게 된다. 자신이 할 수 있는 일을 다했다는 생각이 들 때면 더욱 그렇다. 하지만 누구도 그런 순간에는 대답을 주지 않는다. 결국 자기 자신이 답을 내려야 한다. 자신의 문제에 대해 자신만큼 오랫동안 고민하고 애정을 가진 사람은 없다.

　'남에게 물어서 자신의 미래를 결정하지 말자.'

　김범수의 인생을 이끌어왔던 것이 바로 이것이다. 남에게 물어봤을 때 답처럼 튀어나오는 미래 따위는 없기에 그는 깊게 고민하고, 단호하게 결정하고, 될 때까지 시도했다. 그는 지금껏 이 과정을 훈련하며 살아왔다.

이같은 훈련을 계속해온 김범수, 그가 자신을 변화시키고 주변에 영향을 미칠 수 있었던 요소들을 꼽아보면 다섯 가지 정도가 나올 수 있다.

1. 관점의 차이가 인생을 바꾼다.
2. 꿈의 크기가 인생의 크기를 결정한다.
3. 혼자서 할 수 있는 것은 없다. 좋은 팀을 만든다.
4. 충돌을 두려워 말고 대화에 나선다.
5. 남에게 물어서 인생의 답을 구하지 않는다.

이 다섯 가지를 관통하는 것은 무엇일까. 한마디로 결론을 내리기는 어려울 것이다.

우선 자기 자신의 내면으로 깊이 들어가야 할 것이다. 자신이 무엇을 좋아하고 어떤 일을 제일 잘할 수 있는지를 알려면 내면에 깊이 빠져야 하고 자신을 사랑해야 한다. 자신에 대해 많은 생각을 하고 자기 자신에 대해 전문가가 돼야 한다. 그래야 꿈을 꿀 수 있고 다른 사람을 설득할 수 있다. 그다음은 아마 용기를 가져야 한다는 것일 거다. 대화를 할 수 있는 용기, 자신의 힘으로 돌파할 수 있는 용기, 설득하는 용기 등 많은 용기가 필요하다.

자기 자신에 대해 생각을 하고 자신의 내면에 대해 탐구하는 것은 그중에서도 가장 어려운 일이다. 스티브 잡스가 명상의 시간을 중요하게 여긴 것과 그가 수많은 혁신을 이뤄낸 것은 결코 우연이 아니다. 혁신이란 본래 길거리를 지나가다 생겨나지만 그 기반은 오랜 기간의 생각과 훈련에 의해 길러진다.

요즘엔 특히 생각을 하는 것이 어느 때보다 힘든 시절이다. 니콜라스 카(Nicholas Carr)라는 저널리스트는 『생각하지 않는 사람들』이라는 책에서 "인터넷이 우리의 사고방식을 얕고 가볍게 만든다"고 일갈했다. 그의 말처럼 점점 바빠지는 일상생활과 어디서나 쉽게 정보를 얻을 수 있는 인터넷 환경이 사람들로 하여금 점점 더 생각할 필요가 없게끔 만들고 있다. 하지만 이럴 때일수록 창조자들은 생각을 더 깊이 한다. 김범수 역시 생각의 필요성을 느꼈다.

김범수는 관점의 차이가 결국 인생을 바꾸고 수많은 결정을 바꾼다는 것을 알게 된 이후로 생각의 중요성을 더욱 절실하게 깨달았다. 그러나 생각을 깊이 하는 것은 점점 쉽지 않아졌고 나름대로 방법을 마련하게 됐다.

김범수의 하루 일과는 매우 규칙적으로 시작된다. NHN 시절이나 삼성SDS에서 일하던 시절부터 그러지는 않았다. 하지만 NHN을 나와 아이위랩을 창업하고, 특히 미국에서 가족들과 시간을 보내면서 많이 달라졌다. 그가 규칙적으로 시작하는 하루는 이렇다.

아침 5시 30분경에 일어나 1시간 정도 산책을 한다. 격렬한 운동보다 산책을 선호하는데 산책의 목적이 생각하는 데 있기 때문이다. 산책을 마친 후 30분 정도 샤워를 한다. 샤워하는 시간으로는 제법 긴 시간이다. 이렇게 산책과 샤워를 하는 1시간 30분은 오로지 생각과 사색, 계획과 결단을 하는 데 쏟는 시간이다. 김범수에게는 이 시간이 가장 중요한 시간이다.

샤워를 하고 나면 7시경. 그는 이 시간부터 신문을 30분 정도 읽는다. 오늘의 중요한 뉴스가 뭔지, 외신 등을 직접 확인한다. 뉴스를 확인하고 난 후 1시간 동안은 책을 읽는다. 그의 책 읽는 방식은 좀 색다르다. 책에 따라 읽는 방식을 달리하는 게 그의 독서법이다. 그는 모든 책을 다 정독할 필요는 없다는 생각을 갖고 있다.

어떤 책은 처음부터 끝까지 정독을 해야 하지만 어떤 책은 제목과 중요한 문구만 뽑아서 보는 것이, 서론과 결론만 읽는 것이 좋을 때도 있다. 또 앞에서부터 특정 부분까지만 정독을 하고 나머지는 간단하게 메모만 남기는 게 필요할 때도 있다는 것이다. 이렇게 아침 3시간 동안을 생각과 독서로 보내고 나면 가족들이 일어난다. 아침 식사를 함께하고 나면 그제서야 본격적인 그의 하루가 시작된다.

일본인 저자 고이마 요이치가 쓴 『슈퍼 멘탈 트레이닝』은 0.1퍼센트에 해당되는 승부사들의 자기 훈련 방식을 분석하고 있다. 이 책을 읽다 보면 김범수가 저절로 떠오른다. 위기 때에 더 집중력을 발휘하고 평소에 자신을 철저하게 관리하며, 목표를 정하고 그 목표를 달성하기 위해 매일같이 노력한다는 점에서 김범수는 초일류 승부사다.

남들이 어떻게 생각하든 자기 자신에게 절박하고 자신이 갈망하는 데 집중하는 것이 중요하다. 스티브 잡스가 이미 입증했고 그런 인생을 살다가 갔다. 다른 사람들이 볼 때 카카오톡을 만들던 시기의 김범수는 배부른 시도를 하는 사람처럼 보였을지 모른다. 하지만 그는 그때도 변함없이 절박했다. 이건 분명히 된다는 확신은 없었다. 이건 뭘까, 이걸 해보면 앞으로 어떤 변화가 있을까 하는 막연한 호기심과 갈망이 새로운 도전을 이끌었다.

"Stay Hungry, Stay Foolish."

계속 우직하게 갈망하면서 자기 자신을 찾으려 노력했던 삶. 그것은 비단 스티브 잡스에게만 국한된 것이 아니다.

사람들 속에서 멋모르고 뛰고 있었다. 돈을 많이 버는 게 성공이라 정의해버리고 10년을 내달려왔다. 성공을 거둔 뒤에 김범수는 외로움을 느꼈다. 그리고 다시 시작하기 위해 멈춰야겠다고 생각했다.

2장

비워야
채울 수 있다

다시 맨땅에
헤딩할 준비를 하다

김범수는 NHN USA에 있었던 2006년 말에 아이위랩을 만들었다. 아이위랩은 '나'를 뜻하는 영어 'i'와 '우리'를 뜻하는 'we'에다 실험실을 뜻하는 'Laboratory'을 붙여 만든 이름이었다. 이름 그대로 여러 가지 인터넷 서비스를 실험해보는 회사였다.

김범수가 NHN을 나와 본격적으로 새로운 창업을 준비하고 있던 어느 날이었다. 서울대 산업공학과 교수 박종헌으로부터 전화가 걸려왔다. 박종헌은 서울대 산업공학과 86학번 동기동창으로 김범수의 대학 시절 친구 중 가장 친한 이로 손꼽히는 사람이다.

"우리 후배인데, 이제범이라고 혹시 들어봤어?"

"이름은 들어봤는데, 만나본 적은 없어. 무슨 일 있어?"

"한번 만나보면 좋을 것 같은데……. 너랑 잘 맞을 것 같기도 하고, 새로 시작하려고 하고 있잖아. 우리랑 같이 일하기에 좋을 것 같다. 한번 같이 보자."

김범수는 박종헌과 함께 이미 여러 가지 새로운 인터넷 산업에 대한 아이디어를 교환하고 있었다. 미국 서비스 등에 대해선 꽤 구체적인 부분까지 논의를 하고 있었다. 박종헌의 제안에 김범수는 마음이 솔깃했다. 당장 셋이서 함께 만났다.

서울대 산업공학과 97학번인 이제범은 대학 졸업 후 인터넷 솔루션 회사를 창업한 경험이 있었다. 사업은 실패했지만 이제범은 이 일을 하면서 창업과 관련된 유용한 경험을 많이 했다. 그는 이후로도 IT 분야에 계속 있으면서 개발자 겸 기획자로서 일을 계속해왔다. 창업의 기회를 살피고 있었던 이제범을 박종헌이 김범수에게 추천한 것이다.

2007년 가을, 세 사람이 회동한 첫 자리에서부터 김범수와 이제범은 서로 잘 통했다. 승부사적인 결단력이 있고 추진력이 있는 김범수, 나이는 어리지만 차분하고, 단호하면서도 아이디어가 풍부한 이제범, 이 두 사람은 서로 잘 맞는다고 직감적으로 느꼈다. 김범수는 바로 이제범을 새로 설립한 아이위랩의 대표이사로 낙점했다. 사업 경험이 있다는 점과 인터넷 솔루션 분야의 개발 경험이 있다는 점, 그리고 한참 후배이지만 침착하고 배짱도 있다는 점을 높이 평가했다.

이제범은 경력 측면에서는 많이 알려져 있지 않은 인물이었다. 하지만 대표이사로서 필요한 자질을 두루 갖췄다는 게 김범수의 판단이었다. 우선 이제범은 온화해 보이는 외모와 달리 결단력이 있고 단호한 면모를 갖추고 있었다. 조리 있게 말해 사람을 설득하고 위기에 침착하게 대응하는 능력까지 탁월했다. 특히 NHN 시절을 겪으며 김범수가 중요하게 생각하게 된 인화력 측면에서도 매우 뛰어났다.

대표이사로서 훌륭한 사람을 영입했지만 이것만으로 충분하지 않았다. 김범수가 새로운 사업을 본격적으로 하기에는 아직 해결되지 않은 과제가 남아 있었다. 대표이사 못지않게 중요한 기술책임자가 꼭 있어야 했다. 김범수의 머릿속에는 한 사람이 이미 들어 있었다. 그는 김범수 자신이 NHN으로 채용한 인물이었다. 한게임 시절 기술을 총괄했고 그가 가장 신뢰하는 사람 중 한 명이었던 이확영이다. 이제범이 외부에서 추천을 받아 김범수와 함께 일하게 된 케이스라고 하면 이확영은 김범수가 점찍은 인물이라 할 수 있다. 관건은 이확영이 김범수의 제안을 받아들이느냐에 있었다.

이확영은 프리챌 창업자 전제완이 '대한민국이 낳은 천재 개발자 중 손꼽히는 인물'이라고 표현하길 주저하지 않는 인물이다. 전제완은 인재 욕심에 있어서 둘째 가라면 서러운 사람으로 유명하다. 서울대 경영학과 83학번인 전제완은 삼성물산과 삼성 그룹 인사팀을 거쳐 1999년 자유와 도전이란 기치를 걸고 프리챌을 창업해 화제가 됐다. 그가 창업한 프리챌은 불과 2년 만에 회원 1,000만 명을 모아 국내 최대 인터넷 커뮤니티로 부상했다. 전제완은 IT 업계의 새로운 신화를 낳을 인물로 부각됐다.

프리챌은 최고 인재들의 산실이었다. 전제완의 인재 욕심은 대단했고 실제로 좋은 인재들을 많이 확보했다. 전제완이 확보했던 수백 명의 인재들 가운데 삼고초려라고 해도 부족하지 않을 만큼 그가 직접 찾아가 스카우트했던 인물이 두 명 있었다. 한 명은 NHN의 최고디자인책임자(CDO)를 지내다 2011년 퇴사해 제이오에이치라는 건축디자인 사무실을 낸 조수용이고, 또 한 사람은 NHN으로 옮겨가 NHN 재팬에서 최고기술책임자를 맡았던 이확영이다.

김범수는 NHN을 떠나 새로운 회사를 세울 생각을 하면서 가장 먼저 이확영 당시 NHN 재팬 최고기술책임자를 데려올 생각을 했다. 김범수가 아이위랩을 설립하면서 이확영에 대해 문의해보니 그가 이미 새로운 일을 해보겠다며 NHN 재팬을 떠났다는 답신이 돌아왔다.

이확영이 NHN 재팬에 계속 있었다면 김범수가 아이위랩으로 그를 영입하는 것이 쉽지 않았을 것이다. 그의 절친 천양현이 이확영의 수장이었기 때문에 미안하기도 했고 NHN 본사 측면에서 봐도 이확영을 김범수가 직접 데려오는 것은 모양새가 썩 좋지 않았기 때문이다. 이확영이 이미 회사를 나왔다는 소식을 들은 순간 김범수는 뭔가 일이 잘 풀릴 것 같다는 생각을 했다.

김범수는 즉시 일본으로 날아갔다. NHN을 퇴사하고 새로운 일을 구상하고 있던 이확영을 만나 설득하기 위해서였다. 김범수의 끈질긴 설득에 이확영은 결국 아이위랩의 최고기술책임자 역할을 맡기로 했다. 이확영이 오겠다고 마음을 굳히는 순간 김범수는 회사가 잘되겠다는 좋은 예감이 들었다. 김범수가 보기에 이확영은 자신이 봐왔던 인물 중 최고의 인재였다. 엔지니어로서의 실력과 리더십까지 갖추고 있었기 때문이다.

서울대 컴퓨터공학 89학번인 이확영은 석사를 마치고 삼성SDS에 입사했다. 삼성SDS에서 김범수와 만났고 인사팀에 있던 전제완과도 알게 됐다. 그는 삼성SDS에 있던 시절에도 최고 수준의 기술자로서 주니어 때부터 회사 내에서 유명했다. 그는 최초 커뮤니티 포털 사이트였던 프리챌 창업에 참여했다가 NHN으로 옮겨 웹 개발을 담당했다.

  그는 어렸을 때부터 컴퓨터를 끼고 살았고 전자회로를 만지고 고치고 조합해 새로운 것을 만드는 것을 좋아했다. 그야말로 전형적인 천재 개발자 스타일이다. 기술적인 부분에서의 욕심과 개발자로서의 완벽주의 정신이 결합된 인물이 이확영이었다.

다른 삶을 꿈꾸기 위한
휴식

인터넷에서 새로운 실험을 해보겠다며 아이위랩을 설립했지만 1년이 지나도록 별다른 성과를 내지 못하고 있었다. 한게임을 창업한 이후 NHN을 나오기까지, 다른 이들이 평생에 걸쳐서 쏟아낼 열정을 10년 동안 쏟아부었던 김범수는 사실 많이 지쳐 있었다. 어릴 때 너무 가난했던 데 대한 트라우마 때문인지 김범수는 돈을 많이 버는 게 성공이라 정의해버리고 10년을 내달려왔다. 아이위랩은 분명 또 다른 도전을 위한 출발이었다. 그러나 남을 키우건, 생태계를 만들건, 그 모든 것들을 시작하기에 앞서 우선 휴식이 필요했다. 김범수는 멈춰야겠다고 생각했다.

2008년 말, 앞으로 1년 동안 쉬어야겠다고 결심한 김범수는 그 계획을 친구들에게 말했다. '대단한 결심'이라는 격려나 '참 부럽다'는 질투 섞인 답도 있었지만 그보다 새로 시작한 사업이 자리를 잡지 않았는데 무모한 것 아니냐는 우려가 많았다.

김범수 자신도 쉬겠다는 결심이 옳은 것인지 쉽게 판단할 수 없었다. 그러나 본능적으로 자신의 인생이 이미 2막에 들어섰다는 생각이 들었다. 2막은 다른 삶을 살아야 할 텐데, 문득 자신을 돌아보니 다시 창업을 하고 사람들을 만나고 일을 구상하는 바쁜 삶으로 돌아가 있었다. 성공만을 바라보고 달려왔던 자신의 인생도 돌아보게 됐다. 무엇보다 한 가지 생각이 그의 가슴을 먹먹하게 했다.

"가족은?"

너무 바쁜 삶을 사느라 딸아이와 변변한 대화도 나눠보지 못한 데 생각이 미쳤다. NHN USA 대표로 일할 때 그는 가족들과 모처럼 함께 시간을 보낼 수 있었다. 하지만 미국이라는 새로운 시장 개척에 대한 스트레스를 많이 받고 있었기 때문에 가족들과 온전히 소통하고 공유하는 시간을 충분히 갖지 못했다. 뭔가 획기적인 전환이 필요했다.

김범수는 이때껏 제대로 한 번 쉬어본 적이 없었다. 아내와 아이들에게도 미안했지만 김범수 자신 역시 어정쩡한 상태였다. 다른 사람들이 보기에는 배부른 것처럼 보였겠지만, 창업 성공으로 얻은 물질적 부 역시 어느 단계를 넘어서니 그에게 큰 의미가 되지 않았다. 성공을 거둔 뒤 김범수는 외로움을 느꼈다. 김범수는 주위를 돌아봤다. 그때 가족이 떠올랐다.

김범수는 NHN USA를 정리하고 한국으로 들어온 후부터 서울 청담동의 한 레지던스에서 혼자 지내고 있었다. 앞으로 가족, 특히 아이들과 함께 지낼 시간이 얼마나 될지 가늠해보니 그 시간이 길지 않았다. 아이들에게 아빠가 필요할 때 옆에 있어 주지 못했다는 자책감도 들었다.

김범수는 이해진을 만나 자신의 생각을 털어놓았다. 이해진 역시 여느 친구들처럼 쉬겠다는 그의 결심을 우려하고 있는 터였다.

"잘 모르겠다. 일단 가족들에게 가야겠다."

어떤 가족이 1년 동안 요트 여행을 떠났다는 이야기가 김범수의 머리에 퍼뜩 스쳤다. 아이와 아내는 유학 생활을 하고 있었다. 남들은 일부러라도 떠나는 유학인데 아무 명분 없이 한국으로 돌아오라고 하긴 어려웠다. 궁리 끝에 자신을 재충전하고 가족과 함께 보낼 명분으로 1년 안식년 카드를 꺼냈다. 2009년 봄이었다.

김범수는 가족에게 1년을 무조건 같이 보내자고 말했다. 김범수는 자신이 1년 동안 재수 생활을 했던 것을 떠올렸다. 1년 정도 늦는 것쯤 인생에 아무 문제가 없었다. 그는 미국에 있던 아내와 아이들에게 1년만 휴학하고 한국에서 가족이 함께 시간을 보내며 놀자고 설득했다. 당시 첫째 아이는 고1, 둘째 아이는 중3이었다. 그의 설득에 가족은 선선히 귀국하기로 했다.

김범수가 스스로 만든 1년짜리 자체 안식년은 이렇게 시작됐다. 안식년 동안 아이위랩은 이제범과 이확영이 꾸려가게 했다. 김범수는 지금껏 단 한 번도 가져본 적이 없는 휴식 시간을 어떻게 보낼지 고민하다 1년을 6개월 단위로 쪼개 쓰기로 했다. 첫 6개월 동안에는 현실의 속박과 굴레에서 벗어나 평소 하고 싶었던 걸 모두 해보자고 했다. 네 명이 각각 원하는 걸 적어봤더니 100가지가 넘었다.

이 가운데 가족이 모두 같이 할 수 있는 것부터 해보기로 했다. 네 식구가 함께 당구를 치고, PC방에 가서 게임도 했다. 김범수도 게임을 잘했지만, 그의 아내도 고수였다. 그의 가족 중 딸만이 게임을 못했는데, 아들이 가르쳐 실력이 일취월장했다. 네 식구가 PC방에서 게임을 하다 보면 금세 새벽 4시가 됐다. PC방 주인은 부모가 아이들과 같이 와서 새벽까지 게임을 하다 가는 모습을 이상하게 바라봤다.

김범수는 가족과 함께 여행도 자주 다녔다. 신종 플루가 유행한 탓에 욕심만큼 많이 가지는 못했다. 국내에서는 제주도, 강원도 등을 돌아봤고 해외로는 프랑스와 스위스 등을 다녀왔다. 그중에서도 가장 기억에 남는 것은 제주도 올레길을 걷는 여행이었다. 미국 생활을 하며 이미 북미 지역의 광활한 대자연을 많이 접했고, 세계 각지의 유명 휴양지도 꽤 다녀봤기에 단순한 관광으로는 성에 차지 않았던 그의 가족에게 올레길은 색다른 경험이 됐다.

그의 가족은 아무런 준비 없이 올레길에 섰다. '별거 있겠어? 좀 걸으면 되겠지' 하고 막연하게 생각했다. 하지만 올레길은 만만치 않았다. 길은 길고 멀었으며 가는 중에 갑작스런 폭우도 만났다. 그렇지만 되돌아갈 수 없어 다들 덜덜 떨면서 한참 만에 목적지에 도착했다. 예상하지 못한 고생을 이겨낸 성취감에 네 식구는 서로 얼싸안고 소리를 질렀다. 제주 올레길 여행은 네 식구 모두에게 좋은 추억거리가 됐다.

김범수는 가족과 함께 시간을 보내며 그동안 돌보지 못했던 아이들과 더욱 가까워지게 됐다. 그 시간은 그 어느 때보다 소중하고 행복했다.

지금 행복하지 않으면
영원히 행복할 수 없다

“사랑의 4단계가 뭔지 아세요?”

사랑에도 단계가 있을까? 김범수는 책에서 사랑의 4단계에 대해 읽은 적이 있었다. 사랑의 1단계는 아이의 사랑이다. 사랑을 갈구하고 사랑을 달라고 하는 단계, 곧 사랑을 받는 단계다. 이 단계의 사랑에는 사랑을 확인하고 싶어 하고, 안전한지 확인하려는 욕구가 있다. 2단계는 사랑을 주고 싶은 성년의 사랑이다. 많은 사람들이 생각하는 가장 기본적인 개념의 사랑이 2단계다. 3단계는 자기를 사랑하는 단계이며 4단계는 무조건적인 사랑, 이타적인 사랑이다. 이타적인 사랑의 대상은 사람뿐 아니라 불특정 다수가 될 수도 있고,

대자연일 수도 있다.

사랑의 4단계는 그중 한 단계라도 뛰어넘거나 결핍되면 그다음 단계로 넘어가기 힘들 뿐 아니라 사랑 자체에 문제가 생긴다. 특히 초기 단계일수록 그 문제는 심각하다. 이에 대해 김범수는 사랑이란 받아도 보고 주기도 해봐야 하는데, 그런 느낌을 알지 못하고 1, 2단계를 건너뛰어 자기를 사랑하는 데 문제가 생기는 것이라 생각했다. 사랑을 받아봐야 남을 사랑할 수 있고, 그래야 자기 자신도 사랑할 수 있으며 남과 공감할 수 있다는 얘기다.

김범수는 아내와 아이들을 사랑하지만 그 사랑을 충분히 표현하지 못했다는 자책감을 갖고 있었다. 이대로는 가정에 위기가 올 수도 있다고 생각했다. 사회적 지위가 올라가거나 사업을 통해 가진 게 많아질수록 세상은 그 사람을 그냥 두지 않는다. 자기가 아무리 가만히 있고 가족들과 시간을 보내려고 해도 수많은 사람들이 만나고 싶어 하고 연락을 한다. 김범수는 이런 상황 속에서 스스로 안식년을 선언했고 안식년을 가족과 함께하는 실천을 했다. 이는 자연인 김범수가 한국의 전통적인 문화에서 태어난 사람임에도 범상치 않은 인물임을 보여준다.

김범수가 안식년을 가지면서 특히 신경 쓴 것은 자녀들과 대화하는 것이었다. 세대 차이의 한계를 깨지는 못했지만 대화를 통해 소통이 잘되는 관계를 만들었다. 김범수는 이제 아이들이 좋아하는 만화나 게임은 기본이고, 랩까지 줄줄 꿰게 됐다. 아이들 역시 그의 관심사에 흥미를 보였다. 아빠가 뭘 고민하고 있고, 앞으로 무엇을 하고 싶어 하는지 이해하려고 노력했다.

아들이 진지하게 자기 인생의 방향을 고민하기 시작했다는 것도 안식년의 큰 성과였다. 아들은 원래 게임을 아주 좋아했는데 지금은 공부해서 투자 쪽에 뛰어들겠다고 했다.

김범수는 자녀 양육에 관한 책을 읽거나 강좌를 들으면서 아이들과 지내는 법도 다시 배웠다. 대화의 중요성을 알고 아이들과 이야기를 많이 나누려고 했지만 어느 순간 보면 설교만 하고 있었다. 하지만 지금은 달라졌다. 가급적 많이 듣기 위해 노력했다. '아이의 감정은 받아들이고 행동은 교정하라'거나 '아이들과 싸우지 말고 아이들의 문제와 싸우라'는 교훈도 가슴속에 새겼다.

특히 딸은 이제 그의 가장 훌륭한 대화 상대이자 조언자가 됐다. 김범수는 대화를 하다 보면 남들이 볼 때 '아, 이 사람이 딴 생각을 하는구나'라는 생각이 들게끔 보일 때가 있었다. 그로서는 사실 딴 생각을 하는 것이 아니라 이야기에 집중하기 위해 자신만의 방법을 동원하는 것이었다. 김범수는 이야기를 들을 때 그것을 머리속에 이미지로 떠올리는 버릇이 있었다. 그렇게 하면 상대방의 이야기를 나

중에 더 잘 기억할 수 있고 사람에 대한 이미지도 구체적으로 형상화됐기 때문이다. 그런데 그도 몰랐던 자신의 모습을 딸이 지적해줬다. 김범수도 깜짝 놀랐다. 그 후로 김범수는 딸의 도움을 받아 자신의 장점을 버리지 않으면서도 상대방에게 실례가 되지 않도록 하는 방법을 훈련하기 시작했다. 딸과 대화를 나눠보니 인생의 새로운 경지가 열리는 듯 했다.

아내와 친밀감이 한층 두터워진 것도 성과였다. 김범수는 대학원 시절 소개팅으로 대학 4학년이던 부인을 만나 2년 6개월 정도 연애를 하고 삼성SDS에 다니던 1993년 2월에 결혼했다. 그리고 허니문 베이비를 가져 신혼 기간도 없이 바로 아이를 낳았다. 게다가 장남이라 결혼 초에는 부모님과 할머니까지 모시고 살았다. 토요일에 가끔 심야 영화를 보는 등 둘만의 시간을 보내기도 했지만, 애정 표현이 서툰 데다 사업 때문에 바빠 그동안 제대로 챙겨주지 못했다. 특히 아내가 캐나다와 미국에서 혼자 아이들을 돌보느라 애태웠을 것을 생각하니 미안하고 안쓰러웠다.

김범수는 안식년을 가진 이후 아내와 이야기도 많이 나누고 골프도 자주 같이 나가게 됐다. 나이를 먹어도 부부가 같이 할 수 있는 것이 골프라고 생각해 아내에게 배우도록 권했다. 아내는 에어로빅 강사 출신이라 운동에 소질이 있어 금세 싱글 수준에 올라 웬만한 남자와 붙어도 지지 않았다.

김범수는 부부관계에서도 소통이 중요하다는 사실을 깨달았다. 평생 같이 살 사람과 좋은 관계를 유지하지 않으면서 행복할 수는 없었다.

김범수는 1년 안식년을 보낸 그제서야 일과 삶의 균형을 조금 찾았다. 지금까지는 사람들 속에서 멋모르고 뛰고 있었다는 것을 깨달았다. 그것은 축복이었다. 아직 완전히 멈추진 못했지만 속도는 많이 줄일 수 있었다. 그리고 어느 순간 멈출 수 있다는 자신감도 생겼다. 모든 일은 자신이 마음먹기에 달려 있었다. 지금 행복할 수 없다면 영원히 행복할 수 없다는 것이 그가 안식년을 통해 얻은 가장 큰 깨달음이었다.

김범수의 독특한 점은 오히려 그 평범함에 있다. 물론 아주 가난한 시절을 보내기도 했지만 찢어지게 가난한, 절로 눈물을 자아내게 하는 그런 이야기가 그에게는 없다. 자수성가형 인물이지만 신파조의 인물은 아닌 것이다. 그래서 김범수의 인생은 더욱 우리네 일상과 가장 가깝다.

한게임으로 크게 성공을 거두고 수천억대 부자가 된 다음 그는 회사를 나와 가족에게로 돌아갔다. 평범한 삶이다. 그의 독특함은 이 평범함 속에 있다. 그는 가족과 함께 시간을 보낼 때가 가장 행복했다. 가족을 사랑하는 마음을 말이 아닌 실천으로 옮겼다. 그리고 지금도 딸과 대화를 나누는 시간이 가장 즐겁다고 하는 딸 바보 아빠가 김범수다.

가장 평범해 보이지만 가장 소중한 가치를 포기하지 않고 붙들고 있는 것. 이것이 김범수의 최대 장점이다.

**함께 걸어온 길,
걸어갈 길**

김범수와 천양현은 자양초등학교부터 건대부속중고등학교에 이르기까지 초중고등학교 시절 12년을 모두 같은 학교에 다녔다. 그냥 같은 학교를 다닌 정도가 아니라 초등학교 시절부터 소문난 절친이었다.

김범수에게 "가장 친한 사람이 누구예요?" 혹은 "본인을 가장 잘 아는 사람이 누구라고 생각하십니까?" 하고 물으면 그는 조금도 망설임 없이 즉각 대답한다.

"두 질문에 대한 답 모두 양현이죠."

김범수는 천양현에 대해 부모형제를 제외하고 자신을 가장 잘 아는 사람이라고 말한다. 두 사람의 관계를 따져보면 절로 고개가 끄덕여지는 표현이다. 김범수와 천양현의 우정은 초등학교 시절부터 NHN을 거쳐 지금까지 무려 38년간 계속된 우정이기 때문이다.

김범수가 1985년 고등학교를 졸업한 후 서울대학교 산업공학과에 입학해 대학원까지 마치고 삼성SDS에 입사해 근무하는 동안 천양현은 일본으로 건너가 게이오대학에서 인지언어학으로 석사과정을 마쳤다. 서로 다른 삶을 살아오던 두 사람이 다시 만난 것은 김범수가 한게임을 창업하기 직전 미션엔터테인먼트라는 PC방을 차린 직후였다.

집안 문제로 일본에서 귀국한 천양현에게 김범수는 PC방의 자양동 지점을 맡겼다. 서로 다른 길을 걷던 두 사람은 이때부터 다시 만나 같은 길을 걷기 시작했다. 그리고 한게임이 네이버와 합쳐 NHN이 탄생한 직후 천양현은 한게임 재팬 대표로 일본에 건너가 온라인게임 시장을 개척했다.

천양현이 한게임 재팬을 맡게 된 것은 김범수의 요청 때문이었다.

한게임의 첫 해외 진출지인 일본 시장에 가장 신뢰할 수 있는 절친을 보낸 것이다. 당시 NHN은 국내 여건 때문에 일본 시장에 투자하거나 도움을 줄 여력이 없었다. 하지만 천양현은 맨주먹으로 시작해 한게임 재팬을 일본 최대 온라인게임 회사로 키워냈다.

NHN이라는 한 배를 타고 있던 두 사람이 다시 각자의 길을 가게 된 것은 2007년부터였다. 그해 말 김범수가 먼저 NHN을 떠나 벤처회사 아이위랩을 차렸다. 천양현도 이듬해 NHN을 나와 온라인교육 사업을 시작했다.

두 사람이 NHN을 나오게 된 중요한 이유 중 하나는 글로벌 회사를 만들고 싶다는 꿈을 이루기 위해서였다. 두 사람은 모두 각자의 사업을 처음부터 세계시장을 대상으로 시작했다. 김범수는 2010년 출시한 카카오톡으로 그 꿈의 첫발을 내딛었다. 그리고 2012년 초 해외 이용자 수가 700만 명에 육박하는 글로벌 서비스로 키워냈다.

천양현의 코코네는 2011년 '갑자기 들리는 리스닝 왕국(일본명 키키토리 왕국)'이라는 앱을 일본과 한국 앱 스토어에 나란히 1위로 올려놓았다.

천양현의 일본에서의 성공은 아무것도 없이 속칭 맨땅에 헤딩해서 쓴 새로운 신화였다. 하지만 그는 후배들에게 벤처 창업을 해서 '나와 같은 성공 모델을 만들라'는 주문을 선뜻 하지 않는 인물이다. 그것은 그가 진정으로 고생해서 이뤘기 때문이다. 천양현은 종종 "벤처는 피를 먹고 산다"고 말하곤 한다. 그가 겪은 고초를 함축적으로 표현하는 말이다. 그는 그래서 후배들에게 돈 없고, 기술 없고, 인맥 없으면 함부로 벤처할 생각하지 말라고 충고한다. 돈 있고 기술 있고 인맥 있는 사람이면 뭐든 할 수 있지 않나? 이렇게 반문할 수 있다. 그렇다. 즉 그가 하고 싶은 말은 벤처를 하려면 여러 번 심사숙고하라는 뜻이다.

한 사람은 SNS(소셜네트워크서비스), 한 사람은 교육이라는 다른 분야에서 사업을 재개했지만 두 사람은 모바일과 소셜이라는 공통의 화두를 붙들고 있다. 두 사람이 힘을 합칠 가능성이 높은 이유도 이 때문이다. 천양현이 2011년 초 카카오에 투자하고 최근 김범수가 건물을 공동으로 사들이면서 그런 가능성은 더욱 높아지고 있다.

천양현과 김범수, 두 사람은 사업 외의 일에서도 행동을 함께하고 있다. 건대부고 3회 졸업생인 두 사람은 모교의 발전을 위해 2010년 5월에 각각 1억 원씩 총 2억 원의 장학금을 학교 측에 전달했으며 건대부고는 두 사람의 뜻을 기려 '김범수·천양현 장학회'를 설립했다.

천양현과 김범수는 초등학교 시절부터 함께 보낸 가장 오래된 친구이지만 때론 경쟁하고 미래에 대해 토론하고 어려울 때 서로 도와주기도 하면서 살아왔다. 두 사람의 우정은 서로를 성장시키는 데 큰 밑거름이 됐다.

김범수가 서슴지 않고 가장 친한 친구로 꼽는 천양현은 김범수를 어떻게 보고 있을까. 천양현은 김범수를 한마디로 이렇게 표현했다.

"정말 기발한 친구죠."

자신이 아무 의미 없는 일을 하고 있다는 생각만큼 사람을 힘들게 하는 게 있을까. 실패가 연속되자 김범수는 마음을 비웠다. 그리고 실험을 한 번 해보기로 했다. 5년 안에 승부를 보고, 성공하지 못하면 장렬하게 전사한다는 각오였다.

3장

성공하지 못할 수도 있다

넘쳐도, 비워도,
모두 실패였다

아이위랩에서 처음으로 시도한 것은 부루닷컴이었다. 부루닷컴에 대한 아이디어는 미국에서의 경험에서 나왔다. 김범수가 NHN USA 대표를 맡고 있을 때 미국에서는 웹2.0이 크게 융성하고 있었다. 사용자들의 참여, 공유, 개방을 기치로 한 웹2.0은 그에게 새로운 도전과 아이디어를 제공해줬다. 김범수는 웹2.0을 보면서 절친인 박종헌과 함께 부루닷컴을 기획했다.

부루닷컴은 웹2.0을 콘셉트로 만들어졌다. 이 서비스의 핵심은 즐겨찾기를 수집하는 것이었다. 각각의 개인은 자신이 원하는 것을 할 뿐이지만 이것을 모아 보면 전체적으로 의미 있는 결과물이 도출될 것이라는 생각이 부루닷컴의 출발이었다. 사실 이것은 '크레이그리스트'를 비롯한 미국의 웹2.0 콘셉트의 서비스들이 생각해왔던 것이다. 크레이그리스트는 미국의 커뮤니티 사이트로 사용자들의 관심 키워드를 기반으로 카테고리를 분류하고 정보를 공유하는 사이트다. 기존의 웹 서비스에 비해 사용자 중심으로 더 진화한 사이트였다.

김범수는 미국에서 웹2.0을 기치로 내건 몇몇 서비스들을 보면서 바로 핵심을 간파해냈고 자신이 할 수 있는 서비스를 기획했다. 이것이 부루닷컴으로, 집단지성의 힘에 의존한 실험적인 서비스였다. 아이위랩에서 처음 시도하는 것이었기 때문에 조심스러웠다. 한국보다 미국에서 더 적합한 것 같아 미국에서만 오픈했다.

'Cold Start.'

부루닷컴의 시작은 그랬다. 다른 모든 서비스와 마찬가지로 부루닷컴의 시작은 냉랭했다. 새로운 서비스를 개발해서 출시할 때 시장은 아주 차가운 반응을 보인다. 정말로 혁신적인 서비스라 하더라도 대부분은 그런 반응이 나온다. 사람들은 새로운 것에 대해 호기심도 보이지만 대부분 의혹의 눈길을 먼저 준다. 새로운 서비스를 출시할 경우, 이 차가운 출발의 시기를 잘 견뎌야 그다음 단계로 나아갈 수 있는데 그러지 못하는 경우가 더 많다. 부루닷컴 역시 초기의 '차가운 출발'을 견디지 못했다.

부루닷컴은 대규모 트래픽이 필요한 서비스였다. 대규모 트래픽이 모이지 않으면 서비스의 발전이 힘든 스타일이었다. 부루닷컴이 잘 안 되는 것을 보면서 김범수는 마음을 비웠다. 그리고 3년간 100억을 투자해서 실험을 한 번 해보기로 했다. 20명의 정예 멤버를 데리고 늦어도 5년 안에 승부를 보고, 성공하지 못하면 장렬하게 전사한다는 각오였다.

부루닷컴의 실패 후 작심한 그가 다음 작품으로 내놓은 것은 위지아닷컴이었다. 위지아닷컴은 국내에서 먼저 서비스를 시작했다. 2008년에 선보인 이 서비스 역시 김범수가 가지고 있던 문제의식의 연장선상에 있었다. 웹2.0을 기반으로 하되 좀 더 한국적인 현실을 감안한 서비스였다.

위지아닷컴은 거칠게 말하면 NHN이 크게 히트쳤던 네이버 지식인만 따로 떼어낸 서비스라 할 수 있다. 네이버 지식인이 워낙 혁신적인 서비스였기 때문에 국내외에서 많은 기업들은 그것만으로도 충분한 사업성이 있다고 봤고 실제로 시도가 됐다. 다만 위지아닷컴은 여기에 좀 더 재미 요소가 추가됐다.

위지아닷컴은 기본적으로 세상의 온갖 것에 대한 질문을 자유롭게 던질 수 있는 장을 만들었다. 질문에 대한 사용자들의 재미난 답변을 랭킹으로 만들고 그것을 리스트화해 사이트를 방문하는 사람들에게 보여줬다. 김범수는 이것이 집단지성의 한 사례가 될 것이라 생각했다. 사람들의 생각의 흐름을 알 수 있고 그것 자체가 웹에서 거대한 데이터베이스가 될 수 있다고 생각했다.

예를 들면 "연인과 헤어진 날 사람들이 가장 많이 찾는 곳은?"이란 질문에 대한 수많은 사람들의 답변을 리스트로 보여주는 것이다. 각 질문은 연관된 다른 질문으로 연결되기 때문에 질문을 이어가며 찾아보는 재미도 제법 쏠쏠했다.

문제는 위지아닷컴이 거기서 더 이상 발전하기 힘들다는 데 있었다. 당시 국내에서는 SNS로 싸이월드가 유일했을 뿐 아니라 질문과 답변을 던지면서 관계를 형성하는 데 대한 노하우도 없었다. 위지아닷컴의 기획자들도 몰랐고, 사용자들도 몰랐다. 재미를 주긴 했지만, 재미에서 단순히 그치면서 위지아닷컴은 점차 사람들에게 잊혀져갔다.

세상을 놀라게 할
깜짝 아이디어는 없다

김범수가 모바일 서비스를 하기 위해 아이위랩을 창업한 후 안식년을 갖고 쉬는 동안 아이위랩은 대표이사인 이제범과 최고기술책임자인 이확영이 꾸려나가고 있었다. 아이위랩은 그때까지 부루닷컴, 위지아닷컴을 비롯해 몇 개의 실험적인 서비스를 선보였지만 성적은 영 신통치 않았다. 언론의 관심도 멀어져 있었다. 대중들은 김범수와 아이위랩이 뭘 하는지 잘 모르고 있었다.

언론과 대중들의 관심에서 멀어진 것보다 아이위랩 내부의 상황이 더 문제였다. 직원들은 좀 지쳐 있었다. 새로운 도전을 해보자고 사람들을 뽑아왔는데 성과가 별로 없었기 때문이었다.

아이위랩은 불안과 혼돈의 시기를 보냈다. 사실 아이위랩은 다른 벤처들에 비하면 배부른 회사였다. 당장 눈에 띌 만큼 성공한 서비스는 없지만 창업자이면서 동시에 최대 주주인 김범수가 국내 벤처 역사상 손꼽히게 돈을 번 인물이기 때문이었다. 속된 말로 최대 주주가 돈이 좀 있었기 때문에 회사가 어느 날 갑자기 망할 걱정은 없었다. 사람들은 그런 회사는 별 걱정이 없을거라 생각하지만 사는 게 꼭 그렇진 않다.

김범수가 아이위랩을 만든 자본금은 80억 원이었다. 벤처 회사로는 상상하기 힘든 큰 금액이었다. 하지만 돈이 모든 문제를 다 해결해주지는 못했다. 무엇보다 김범수 자신이 그것을 잘 알고 있었다. 그를 지금까지 오게 만든 원동력도 돈이 아니었다. 돈도 필요하지만 사람을 움직이는 것은 꿈과 가치관, 성취감이었다.

아이위랩이 설립될 때 함께 시작했던 사람들 중에는 NHN 출신들이 많았다. 그들은 새로운 도전을 위해 아이위랩에 왔다. 이미 실력은 검증된 사람들이었다. 하지만 2년 동안 아무 성과를 내지 못한 채 있으니 힘들어하기 시작했다.

자신이 아무 의미 없는 일을 하고 있다는 생각이 들면 사람은 스스로에게 자괴감과 불안감을 느끼게 된다. 아이위랩에서 일하는 개발자들은 짙은 안개 속에 있는 듯 막막했다. 그들은 언뜻 안정적인 회사를 다니는 배부른 사람처럼 보였지만 사실 절박했다. 그들에게 가장 절박했던 것은 길이 잘 보이지 않는다는 것이었다.

김범수도 확신이 있었던 것은 아니었다. 그랬기에 더욱 절박했다. 안개 속을 헤치고 가는 사람이 확신을 갖기는 쉽지 않다. 지금까지의 경험이 있기에 무엇을 하더라도 잘할 수 있다는 막연한 자신감이 있었지만, 이것은 확신과는 다르다. 또 자신감만으로는 남에게 설명하거나 동의를 구하기도 상당히 어렵다.

이것저것 해보고 그러다 안 되면 말지 할 상황이 아니었다. 회사 구성원들의 동요도 막고 김범수 자신도 새로운 성취를 이루려면 길을 보여줄 수 있는 뭔가가 필요했다.

김범수는 아이위랩의 무엇이 문제인지 생각해봤다. 한게임과 NHN을 경험해본 김범수가 보기에 아이위랩에는 회사 규모에 비해 기술자가 넘쳐났다. 아이위랩은 최고의 기술자들이 모여 만든 회사였기 때문이다. 하지만 기획자는 부족했다. 기획자가 없다 보니 서비스에 약점을 드러냈다.

김범수는 이에 대한 대책이 필요하다는 진단을 내렸다. 기술력은 풍부하고 기획력이 약한 회사에서 어떤 대책을 내놓을 수 있을까? 물론 돈을 들여서 단숨에 좋은 기획자를 데려오는 것도 방법이었다. 하지만 아무리 뛰어난 기획자라 해도 어느 날 갑자기 하늘에서 기획이 뚝 떨어지는 것은 아니다. 한 분야에 대한 오랜 관심과 노력이 필요하다. 이런 점을 감안할 때 김범수는 회사 내부에서 직접 프로젝트를 운영하는 것이 좋겠다는 생각이 들었다.

그때 이미 회사 내부에서는 대여섯 개의 프로젝트가 진행되고 있었다. 그는 그중 일부를 중단시켰다. 그리고 아이폰이 몰고올 스마트폰 모바일 시대의 혁명에 발맞춘 서비스를 만들기 위해 주요 개발자들을 3개 팀으로 나눴다. 첫 번째 팀은 이제범을, 두 번째 팀은 이확영을, 세 번째 팀은 최고개발책임자인 이상협을 팀장으로 세웠다. 각 팀은 팀장이 팀원을 꾸려 자체적으로 기획을 내서 스마트폰에 최적화된 앱을 만들도록 했다. 기한은 두 달이었다.

그가 이런 계획을 하고 지시를 내리게 된 데는 나름의 배경이 있었다. 그는 세상을 깜짝 놀라게 할 엄청난 아이디어는 없다고 생각했다. 그는 다른 IT 종사자들처럼 기발한 아이디어에 목말라하는 스타일이 아니었다. 사람들은 대부분 김범수가 대단한 아이디어를 가진 사람이라는 선입견을 갖고 있다. 그가 만든 모든 서비스가 업계 1등이 되었으니 그럴 만도 하다. 그러나 그는 깜짝 아이디어를 내는 것보다 똑같은 현상을 조금 다르게 보는 것으로 새로운 것을 찾으려 했다. 그의 다른 관점론은 개발 과정에 그대로 적용됐다. 남들이 모르는 엄청난 것을 만들려고 하기보다 이미 사람들이 간절히 바라고 있는 것들 중에서 세상이 변화되면서 잘 충족되지 않고 있는 것이 무엇인지 찾으려고 했다.

그가 볼 때 스마트폰 시대에는 이런 점이 더 극명하게 드러날 것 같았다. 김범수는 인터넷 시대나 모바일 시대가 열렸다고 해서 어느 날 갑자기 지금껏 없던 욕구가 생기는 것은 아니라고 생각했다. 결국은 사람들의 기본적인 욕구를 가장 잘 충실히 이행하는 것에서 승부가 날 것이라고 봤다.

김범수가 생각할 때 스마트폰이야말로 사람들이 항상 가지고 다니면서 무엇이든 할 수 있는 최초의 기기였다. 기존 휴대폰은 아주 한정된 기능만 가능했고, 노트북이나 태블릿 등은 휴대하기가 불편하다는 단점이 있었다. 기능성과 휴대성 등 모든 면에서 완벽한 스마트폰에서 사람들이 가장 필요로 하는 것은 무엇일까. 김범수는 그것을 생각해내려고 했다.

김범수는 새로운 것에 너무 집착하면 사람들이 실제 원하는 것과 멀어질 수 있다고 생각했다. 사람들이 원래 갖고 있던 욕구 중에 해결되지 않은 것이 있는지를 우선적으로 살펴봤다.

그는 인터넷 시대에는 검색이 중요했다면 모바일 시대에는 커뮤니케이션이 가장 핵심적인 가치를 창출하는 서비스가 될 것이라 예상했다. 그 커뮤니케이션을 하는 데 1차적으로 필요한 것이 메신저였다. 카카오톡의 발상은 여기서 시작됐다.

사실 눈에 보이는 현상은 누구에게나 동일하다. 카카오톡을 만들 때도 마찬가지였다. 중요한 것은 현상이나 자신을 둘러싼 환경 그 자체가 아니다. 그것을 조금 다른 관점에서 바라보고 어떻게 해야 할지 결단을 내리는 것, 즉 다르게 보기와 결정하기가 김범수의 비결이다.

카카오톡의 개발팀은 급조된 팀이었다. 개발팀이라기보다 프로젝트팀이라고 하는 게 더 정확했다. 실험적으로 내부에서 개발해보고 가능성 있는 것에 몰아주기 위한 베타적 성격이 강했다.

훌륭한 인재는 이럴 때 더 빛이 나는 법이다. NHN을 비롯해 국내 유수의 IT 기업에서 경력을 쌓은 최고 개발진으로 구성된 아이위랩의 인재들은 급박한 상황에서 제 실력을 드러냈다. 이제범의 팀은 카카오아지트, 이확영의 팀은 카카오수다, 이상협의 팀은 카카오톡을 각각 만들어냈다. 어떤 서비스가 뜰지 아직 예상하기 어려운 때였기에 김범수는 2010년 초 세 서비스를 거의 비슷한 시기에 앱 스토어에 출시했다.

결과를 확인하는 데는 채 두 달이 걸리지 않았다. 한 달이 지나자 카카오톡이 50만 건이 넘는 다운로드를 기록하며 맨 먼저 치고 나갔다. 당시 시장에서는 카카오톡과 유사한 서비스들이 이미 있었

다. 해외에서 만들어진 메신저 서비스인 왓츠앱이 있었고 국내에서
는 인포뱅크라는 코스닥 상장 회사가 만든 모바일 메신저 서비스인
엠앤톡이 이미 나와 있었다. 둘 다 카카오톡보다 한발 앞선 2009년
말, 2010년 초에 시장에 나왔다. 하지만 카카오톡이 이들을 제치고
선두로 나서는 데는 그리 오랜 시간이 걸리지 않았다.

모바일 방식에
맞춤하라

●●●●●●

엠앤톡은 아이위랩 개발팀이 한창 개발을 열심히 하고 있는 와중에
나왔다. 김범수는 바짝 긴장했다. 자신들이 생각하고 있던 것을 그
대로 구현했기 때문이었다. 이미 왓츠앱이 있는 것도 부담이었다.
하지만 김범수는 두 걸출한 앱들의 행보를 보고 마음을 놓았다.

왓츠앱은 유료 모델로 갔다. 김범수는 유료 앱으로 가면 글로벌
서비스가 되기 힘들다고 생각했다. 그는 메신저를 다운로드 비즈니
스로 보지 않았다. 다운로드 건수를 늘려서 돈을 버는 방식인 다운
로드 비지니스는 콘텐츠에 적합한 모델로 커뮤니케이션 툴인 메신
저에는 적합하지 않다고 생각했다.

비즈니스 모델이 다운로드가 아니라면 사람들에게 어떻게든 많이 쓰게 하는 게 가장 좋은 상황이다. 김범수는 카카오톡을 서비스 비즈니스로 판단했다. 앱 자체를 그냥 서비스로 주는 것이다. 트래픽이 우선이고, 수익 모델은 그다음 문제라는 것이다. 이 방식은 이미 인터넷에서 많이 해봤던 거였다.

김범수만 그렇게 생각한 것은 아니다. 인포뱅크가 만든 엠앤톡도 무료 개념으로 출발했다. 이 역시 서비스 비즈니스로 메신저를 바라봤다는 뜻이다. 하지만 엠앤톡은 초반에만 반짝 인기를 끌었을 뿐 곧 사람들의 관심에서 사라졌다. 똑같이 무료 서비스 앱으로 출시했고 관심을 받았는데 어째서 하나는 2,000만 회원을 모아 국민 메신저가 되고 하나는 금방 사라지게 된 것일까?

엠앤톡은 우선 서비스가 불안정했다. 엠앤톡을 만든 인포뱅크 사장 김태형도 이 점을 인정했다. 엠앤톡이 처음 기획됐을 때 인포뱅크 내부에선 무료로 서비스하는 것을 뭐하러 만드느냐는 의견이 있었다. 김태형은 엠앤톡의 가능성에 확신을 갖고 그냥 밀어붙였다. 김태형의 예상대로 엠앤톡은 출시 초기엔 관심도 많이 받고 짧은 기간 안에 다운로드도 많이 됐다. 그런데 그게 독이 됐다. 생각했던 것 이상으로 다운로드 건수가 많아지니 서비스 중 에러가 자주 발생했다. 에러가 자주 일어나니 사람들이 잘 쓰지 않게 됐다. 그 후에 카카오톡이 나오면서 엠앤톡은 다운로드 건수가 뚝 떨어지고 말았다.

엠앤톡이 에러가 잦은 건 사실이었다. 카카오톡도 초기에 여러 가지 일종의 오작동이 있었다. 메시지를 보냈는데도 한참 동안 안 가거나 앱 자체의 실행이 느려지거나 안 되는 현상이 자주 있었다. 이것은 앱 본래의 문제도 있지만 네트워크상의 문제일 수도 있다. 그렇기 때문에 안드로이드 버전의 경우 특히 오류가 잦을 수밖에 없었다. 따라서 이런 에러를 앱 자체에만 책임을 지우기는 힘들다.

카카오톡을 만들 때 아이위랩은 온전히 엔지니어들의 회사였다. 카카오톡에 있어서 서비스 안정화는 너무나 당연한 문제였다. 그것 자체로는 경쟁력이 있다는 둥 없다는 둥 얘기거리도 되지 않았다. 서비스 안정화는 서비스를 출시할 때 기본이었다.

다운로드 비즈니스로 가면 이야기가 좀 달라질지 모른다. 아무래도 유료 서비스로 가면 사람들이 그처럼 대중적으로 사용하지 않을 것이고, 그러면 서비스 안정화를 바라보는 관점도 달라진다. 하지만 무료 서비스 모델로 가면 엄청난 양의 트래픽을 감당해내야 한다. 이 점을 처음부터 예상하고 대비해야 한다.

카카오톡은 그것을 알고 있었다. 물론 카카오톡조차 그렇게 많은 사람들이 쓰고 이렇게 많은 트래픽이 발생할 것까지는 예측하지 못했지만 말이다. 그럼에도 불구하고 알고 대비하고 있다가 닥치는 것과 전혀 생각지도 못했던 상태에서 당하는 것은 어마어마한 차이가 있다.

아이위랩에서 서버를 총괄하는 인물인 박승기는 서버 관련 분야에서 꽤 유명한 유능한 사람이다. 카카오톡은 유능한 서버 총괄자를 두고 있는 덕에 비교적 안정적인 서비스를 유지할 수 있었다. 또한 최고의 개발자인 이확영이 있었다. 그는 지금도 하루에 10억 건 넘게 오가는 카카오톡의 메시지를 안정적으로 처리하는 데 중점을 두고 있다.

트위터나 페이스북 같은 서비스를 만드는 것 자체는 쉽다. 문제는 사용량 증가다. 수천만 명, 수억 명이 안정적으로 쓰는 서비스를 만든다는 것은 그것과 조금 다른 차원의 기술이다. 카카오톡은 지금 분산파일시스템, 서버 확충에 최적화된 구조 등 다양한 방안을 개발 중이다. 특히 트래픽은 순간이 중요하다. 1초라는 짧은 순간에 사용자가 폭증하더라도 메시지가 원활하게 오갈 수 있게 해야 한다. 현재 카카오톡은 피크타임에 초당 1만 건 이상의 메시지 전송을 처리하고 있다. 그러나 카카오톡은 사용자가 점점 늘고 있기 때문에 피크타임 메시지 전송 건수도 그에 따라 기하급수적으로 늘어나야 한다. 이확영은 이에 대비해 초당 수만 건 이상 수준의 메시지를 처리하는 것을 목표로 삼고 있다.

서비스 안정화가 너무도 당연했기에 카카오톡은 처음부터 다른 문제에 신경을 썼다. 관건은 차별화였다. 기존에 나온 어떤 앱보다 단순하고 간편하면서도 아름답게 만들자. 이것이 카카오톡이 처음부터 노렸던 점이다. 백화점에서 공짜 사은품을 나눠줄 때도 이왕이면 흠이 없고 예쁘게 포장된 것을 가져가려고 하는 게 사람의 마음이다. 공짜 앱을 고를 때도 이왕이면 잘생기고 그럴듯해 보이는 것을 선택하려고 한다. 이게 인간의 본성이다.

사실 왓츠앱과 엠앤톡의 문제점은 서비스 안전성에만 있지 않았다. 더 큰 문제는 바로 사용자들이 별로 쓰고 싶지 않은 UI였다는 사실이다. 두 가지 앱이 특별히 더 복잡하거나 쓰기가 아주 불편했던 것은 아니었다. 하지만 카카오톡은 훨씬 더 단순했고 쓰기에 편했다. 무엇보다 밝고 깔끔한 노란색과 검정색의 조합은 카카오톡을 프리미엄 제품이라고 인식하게끔 했다.

카카오톡은 기존 메신저 서비스들과 UI부터 차별화했다. 단순하면서도 깔끔하게 로딩 화면을 구성했다. 노란색을 선택한 것도 절묘했다. 카카오 내부에서도 두고두고 노란색을 쓴 것에 대한 찬사가 이어졌다. 신기하게도 그때까지 색깔로 앱을 규정한 경우는 국내외를 막론하고 거의 존재하지 않았다. 대부분 서비스 내용으로 앱의 성격을 규정하려고 했다. 카카오톡은 노란색이라는 특정 색깔로 앱을 규정한 첫 번째 앱이었다. 카카오톡의 로딩 화면에는 노란색과 검정색을 제외하고 다른 색이 없다. 노란색과 검정색은 전 세계적으로 교통안전 표시를 할 때 가장 널리 쓰이는 색이다. 그만큼 주목도가 높다는 뜻이다. 주목도가 높은 색을 선택하고 UI도 단순하게 구성해 스마트폰이라는 새로운 기기에 최적화한 것도 카카오톡이 처음이었다.

카카오톡이 처음 나올 때만 해도 스마트폰이라는 기기에 최적화된 사용자 인터페이스가 무엇일지 고민하는 앱이 많지 않았다. 그런 상황에서 카카오톡의 등장은 사용자들에게 신선한 느낌을 줬다. 카카오톡은 밝은 이미지와 여성들, 젊은 사람들이 좋아한다는 긍정적인 면을 고려해 노란색을 채택하고, 구성을 아주 단순하게 가져가 사람들의 눈을 강하게 사로잡았다.

쓰기도 편했다. 상대방과 나 둘 중 한 사람만 상대를 친구로 등록하면 반대편에 친구 추천이 뜨게 했다. 또 내 주소록과 카카오톡을 연동해 주소록에 전화번호가 등록돼 있는 사람들 중에서 카카오톡을 다운로드한 사람이 있으면 자동으로 카카오톡에서 대화가 가능하도록 했다. 개인 정보 및 사생활 침해 문제가 일어날 수 있지만 처음에 다운로드할 때 사용자의 동의를 받는 방식으로 이 문제를 해결했다.

모바일에 최적화한 것. 이것이 사실 카카오톡의 가장 큰 장점이었다. 당시엔 이 역시 쉽지 않았다. 왜냐하면 누구도 어떻게 하는 것이 모바일에 최적화하는 것인지 알지 못했기 때문이다.

김범수는 계속해서 안개 속을 앞장서서 뚫고 가는 인생을 살아왔다. 그는 아무도 자신할 수 없는 길을 만들면서 갔고 그가 걸어가면 그게 곧 길이 됐다.

카카오톡은 모바일에 최적화하는 방식을 만들어냈다. 아이위랩은 본래 웹 서비스를 기획하는 데서 출발한 회사다. 아이위랩은 웹2.0과 관련된 여러 가지 서비스를 기획했지만 다 실패했다. 이런 실패들이 카카오톡을 만들 때는 약이 됐다. 웹의 개념으로 접근하면 안 된다는 것을 깨달았기에, 또 웹에서 별로 가져올 것이 없었기에 처음부터 웹에서의 경험과 방식을 깨끗이 지우고 백지 상태에서 다시 시작했다. 웹을 버리면서 카카오톡이 시작된 것이다. 이것이 카카오톡이 처음부터 다른 서비스들과 다르게 출발할 수 있었던 원인이 됐다.

카카오톡은 웹을 버리면서도 인간의 본성을 잊지 않았다. 무엇이 필요한지를 정확히 아는 것, 그리고 그것을 그대로 실천하는 것이 김범수의 방식이었다. 한게임 때도 그랬고 카카오톡도 마찬가지였다. 같은 현상과 사물을 남들과 다르게 보고, 다른 진단과 실행을 하는 것. 이것이 김범수식 관점의 차이다.

한게임 시절에는 사용자들이 김범수의 생각대로 움직여주지 않았다. 하지만 카카오톡에 와서는 좀 달랐다. 그가 생각했던 대로 사용자들이 움직여줬다. 그것도 그가 생각했던 것보다 좀 더 빠르고 과격했다.

**스마트한 직감과
다른 관점**

IT 천재라고 불리는 김범수는 자신의 성공 비결에 대한 질문을 받을 때마다 관점의 차이를 강조했다. 같은 것을 보고 같은 놀이를 해도 남과 다르게 생각하는 것, 바로 여기에서 인생의 답이 나온다는 것이다. 그는 관점의 차이를 말할 때 박찬욱 감독의 영화 「올드보이」를 자주 예로 들곤 한다.

영화 「올드보이」에는 15년 동안 영문도 모른 채 여덟 평짜리 쪽방에 감금돼 있다가 풀려난 오대수가 드디어 자신을 가둔 이우진을 만나 대화를 나누는 장면이 있다. 좁은 방에서 군만두만 먹으며 TV

를 보는 것 외에는 아무 일도 하지 못한 채 끔찍한 생활을 해왔던 오
대수는 분노에 차서 이우진에게 묻는다.

"도대체 왜, 나를 15년 동안이나 가둔 거냐?"

누구나 오대수와 같은 상황이 되면 당연히 이같이 물었을 것이다.
왜 밑도 끝도 없이 사람을 가뒀을까? 그런데 이우진은 정말 뜻밖의
대답을 한다.

"당신이 틀린 질문만 하니까 틀린 답만 찾을 수밖에 없잖아. 왜 가
뒀냐가 아니라 왜 풀어줬나가 올바른 질문이지."

김범수는 이 장면을 보고 뒤통수를 맞은 것같이 정신이 멍해졌다.
생각지도 않은 대답에 허를 찔린 것은 오대수도 마찬가지였다. 그
시점에서 왜 가뒀느냐는 중요하지 않다. 왜 이제 와서 풀어줬느냐가
더 중요하다. 그런데 이 말을 듣기 전까지는 그 누구도 선뜻 그런 생
각을 하기 힘들다.

상식적으로 누구나 그러하리라고 생각할 수밖에 없는 상황에서
도 전혀 다른 행동을 하는 사람들이 있다. 이때 사람들은 의문을 가
지게 된다. 왜 저 사람은 사람들과 다른 행동을 하는 것일까? 그것은

똑같은 상황에 대해 남들과 다른 생각으로 접근했기 때문이다. 관점이 다르면 같은 상황에서 다른 행동을 취하게 된다. 이 관점을 형성한 것은 종교일 수도 있고 자신의 신념일 수도 있고 무의식일 수도 있다. 또 오랜 기간의 교육을 통해 학습된 인격일 수도 있다.

오랫동안 김범수와 알고 지낸 지인들은 그가 평범한 사람들과는 다른 기발한 면이 있다고 평한다. 사람들을 보통 이런 사람을 천재라고 말한다. 그러나 김범수는 천재라기보다 관점의 차이가 학습된 후자의 경우와 더 가깝다고 할 수 있다.

스마트폰을 통해 놀이, 커뮤니케이션, 공부, 일상생활까지 모두 가능한 세상이다. 김범수가 그리는 모바일 세상은 모든 가능한 종류의 소셜과 모바일 활동이 집결되면서도 어디서도 배타적이지 않고 누구에게도 진입 장벽이 없는 플랫폼이다.

4장

모바일 시대를 내다보다

지금은 카카오톡에 올인할
타이밍이다

카카오톡이 출시될 때의 상황은 썩 좋지 못했다. 처음부터 폭발적인 인기를 얻은 것은 아니었다. 초기 성과는 카카오수다, 카카오아지트 등과 유사했다. 김범수는 사람들의 반응과 사용 정도를 보면서 카카오톡이 대세가 될 것이란 생각을 점점 굳히게 됐다.

그는 여기서 다시 한 번 승부사적인 결단을 내렸다. 다른 모든 프로젝트를 접고, 심지어 카카오수다와 카카오아지트의 추가적인 개발도 중단했다. 카카오톡 단 하나에 모든 것을 걸기로 한 것이다. 리스크가 상당히 큰 결단이었다. 그는 이미 그런 결정을 여러 차례 해왔다. 김범수는 항상 6개월 앞을 예상하고 움직였다. 그가 보기에 카카오톡에 엄청난 기회가 다가오고 있는데 별로 준비된 것이 없었다. 김범수는 속이 탔다. 그는 절박한 심정으로 결정을 내렸다.

마음에 부담을 가진 만큼 발전하고 절박한 만큼 성공한다고 했던가. 승부사적인 결단을 내려도 그것이 매번 들어맞기는 쉽지 않다. 하지만 그는 이번에도 자신의 판단이 옳았음을 입증했다. 그는 아이위랩을 만들고 나서 가장 잘한 결정으로 카카오톡이 뜨는 것을 보고 카카오톡에 모든 것을 걸기로 한 것을 꼽는다.

2010년 3월 출시된 카카오톡은 첫 달에 약 10만 다운로드를 기록했다. 당시 스마트폰 시장에는 아이폰밖에 없었다. 이미 왓츠앱과 엠앤톡이 있는 상황에서 카카오톡이 특별히 눈길을 끌만한 요소는 많지 않았다. 처음에는 카카오톡보다 김범수라는 이름에 조금 더 이목이 집중됐다. 어쨌든 제법 많은 사람들이 초기에 카카오톡 앱을 다운로드했다.

진짜 시작은 안드로이드폰이 출시된 늦봄부터였다. 갤럭시S가 출시되고 국내에서 본격적으로 안드로이드 기반 스마트폰 시대가 열리자 다운로드 건수가 폭발적으로 증가했다. 9월에 100만을 돌파한 데 이어 10월 초에 200만을 넘어섰고 그해 말에는 500만을 돌파했다. 그리고 2011년 3월 말, 출시된 지 정확히 1년이 지난 시점에 카카오톡 다운로드 건수는 1,000만을 돌파하게 된다. 카카오톡은 그 후 불과 4개월여 만에 2,000만 다운로드를 돌파했고 연말에는 3,000만 다운로드를 넘어섰다.

카카오톡 다운로드 건수가 1,000만에서 2,000만으로 가는 데 시간이 오래 걸리지 않았던 것은 해외시장에서 사용자가 급격히 늘었기 때문이다. 출시 당시 4~5퍼센트에 그쳤던 해외 이용자 수는 2010년 말 10퍼센트로 늘었고, 2011년 8월 말에는 2,500만 사용자 중에서 해외 사용자가 500만 명으로 그 비중이 20퍼센트에 달했다.

카카오톡이 급성장하면서 아이위랩은 사명을 카카오로 변경했다. 카카오톡이라는 서비스에 회사의 정체성을 담은 확실한 모습으로 변신한 것이다. 이로써 아이위랩은 인터넷의 모든 것에 도전해보는 다소 실험적인 회사에서 모바일 시대를 선도하겠다는 꿈을 담은 카카오로 거듭나게 됐다.

5천만의 모바일 메신저,
수익 모델을 찾아서

●●●●●○○

카카오톡이 출시된 지 8개월여 만에 사용자가 500만 명에 달할 정도로 급성장하자 내부에서는 수익 모델에 대한 논의가 시작됐다. 2010년도 어느덧 초겨울에 접어든 11월 말의 일이었다.

"지금쯤 광고나 커머스 모델을 붙여야 하지 않을까요?"

"언론에서도 그렇고 내부적으로도 수익 모델이 필요하다는 말이 나오고 있습니다. 대책이 있어야 할 것 같습니다."

김범수는 아직 수익 모델을 고민할 때는 아니라는 생각을 갖고 있었다. 10여 년 전 한게임 유료화를 추진할 때와 반대 상황이었다. 그때 직원들은 한게임을 유료화하면 곧 망할지도 모른다며 반대하는 입장이었고, 김범수는 유료화할 만큼 가치 있는 방식을 선보이면 된다는 입장이었다. 직원들 중 일부는 초조해하기도 했다. 많은 사람들이 카카오톡의 약점으로 수익 모델이 없다는 것, 그리고 앞으로도 마땅한 수익 모델이 나오기 힘들다는 점을 지적하고 있었기 때문이다. 입장은 바뀌었지만 생각의 차이가 커 중간 지점을 찾기 어렵다는 점은 마찬가지였다. 시간이 없다는 것도 한게임 유료화 때나 카카오톡 수익 모델 논의 때나 비슷했다.

10년 전 한게임 유료화를 밀어붙였던 김범수는 이제 달라져 있었다. 그때처럼 밀어붙이지 않았다. 직원들과 수익 모델에 대한 논의를 하기 위해 모였을 때 그는 주로 직원들의 의견을 들었다. 의견을 하나하나 듣고 그 의견에 우선 격려와 지지, 공감을 표시했다. 반대 의견에도 귀를 기울였다. 예전과 다르게 김범수는 처음부터 자신의 의견을 말하는 것보다 우선 다른 의견을 들으려는 자세를 취했다. 듣다 보면 서로 의견이 완전히 다른 것이 아니라 비슷한 부분도 꽤 많다는 것을 알게 됐다. 모두의 생각이 기본적으로 크게 다르지 않다는 것을 공감하고 토론을 시작하면 구성원들이 모두 수긍할 수 있는 결론이 도출될 가능성이 높아지는 효과가 있었다.

모바일 인터넷전화(mVoIP) 서비스를 언제, 어떻게 서비스할 것인가를 놓고 내부에서 격론이 벌어졌던 적도 있었다. IT 분야에서 최고의 기술을 보유한 카카오 직원들은 앞으로 통신 시장이 결국 음성통화를 공짜로 하는 시대로 갈 것이라고 내다봤다. 기술자들의 생각과 달리 마케팅 등 외부 협력 업무를 하는 부서에서는 이 서비스가 갖고 올 파장을 우려했다. 사내에서 의견이 엇갈렸다.

"경쟁사인 마이피플에서 모바일 인터넷전화 서비스를 준비한다고 하는데 우리가 미리 선수를 쳐야 할 것 같습니다."

"통신사들의 표적이 될 가능성이 있습니다. 신중하게 생각해야 합니다."

내부에서 격론이 벌어지자 김범수는 일단 두 진영의 논의를 모두 수용했다. 양쪽의 의견이 모두 일리가 있고 맞다는 전제하에 양측을 모두 설득하는 것이 김범수의 몫이었다. 기술적으로 문제는 없지만 이동통신 네트워크가 4G(4세대) LTE(롱텀에볼루션)으로 바뀌고 있는 시기인 만큼 좀 더 기다리는 게 좋겠다는 게 김범수의 판단이었다. 모바일 인터넷전화라는 분야는 굳이 제일 먼저 치고 나가는 것보다 환경이 만들어지고 사람들이 이것을 낯섦 없이 소화할 정도로 인식이 퍼졌을 때 시작해도 된다는 것이 그의 생각이었다. 통신사 등 기존 사업자들과 불필요한 마찰을 빚지 않고자 하는 이유도 있었다. 하지만 그런 인식이 충분히 확산됐다고 판단했을 때 그는 주저 없이 움직였다. 카카오는 2012년 6월 4일 카카오톡 보이스톡 서비스를 개시한다고 발표했다. 카카오톡을 업데이트하면서 보이스톡을 신청해 쓸 수 있는 방식으로 만들었다.

국내시장에서는 이미 마이피플 등이 앱을 통해 무료 인터넷전화 서비스를 제공하고 있었지만, 시장 반응이 크지 않았다. 상대적으로 사용자가 제한적이었기 때문이었다. 하지만 카카오톡의 무료 음성 통화 서비스는 달랐다. 전 세계 사용자가 5,000만 명, 국내 사용자만 3,500만 명인 사실상 전 국민이 쓰는 서비스인 카카오톡의 음성통화는 통신사들에게 엄청난 충격이었다.

김범수가 서비스를 내놓으면서 예측했듯, 통신사들이 강력하게 반발하고 나섰다. 망 접속을 제한한다, 요금 체계를 바꿀 것이다 등 각종 대응책들을 내놓았다. 하지만 김범수는 흔들리지 않고 밀어붙였다. 그가 네트워크 인프라를 틀어쥐고 있는 통신사들의 격렬한 반발을 예상했으면서도 강행한 데는 이유가 있었다.

김범수는 이제 음성통화는 무료화가 대세라고 판단했다. 모바일 인터넷전화 방식은 기존 음성 통신망을 통한 전화 통화와 달리 음성을 패킷화해 데이터로 처리, 와이파이 망을 통해 음성을 주고받는다. 데이터 네트워크 대역폭이 충분히 확보되지 않거나 속도가 느릴 때는 이 방식을 쓸 수 없었다. 하지만 4G LTE 방식이 확산되면서 네트워크 쪽의 기반이 갖춰졌다. 김범수의 결론은 앞으로 통신망 속도가 더욱 빨라지게 되면 음성통화도 패킷화해 서비스하는 방식이 일반화될 것이라는 거였다. 소비자들에게 이것이 더 좋기 때문이다. 결국은 소비자들이 원하는 서비스가 대세가 될 것이라는 것. 이것이 김범수가 유니텔과 한게임, NHN을 통해서 터득한 진리였다.

때마침 열렬한 환호를 보내준 소비자들이 김범수의 이런 의지를 뒷받침해줬다. 비싼 전화 요금 때문에 골치를 앓고 있는 수많은 스마트폰 사용자들로서는 나쁠 게 없는 서비스다. 모바일 인터넷전화는 기존 전화 방식보다는 통화 품질이 좋지 않은 것으로 알려져 있다. 하지만 공짜라는 점을 감안하면 이를 감수하고 모바일 인터넷전화 방식의 음성통화를 선택할 소비자도 분명히 있다. 즉 카카오는 서비스의 선택권을 소비자들에게 준 것이다. 통신사들의 일방적인 서비스에 불만이 많았던 소비자들은 카카오톡의 이런 결정을 쌍수를 들어 환영했다.

그는 모바일 인터넷전화 서비스를 시작하면서 소비자들이 와이파이를 이용한 무료 음성통화를 거부감 없이 받아들일 수 있는 인식의 전환만을 기다린 것이 아니었다. 모바일 인터넷전화에 대해 경쟁사들이 먼저 시작했다는 초조감에 사로잡힌 직원들, 거대 통신사와의 싸움 때문에 고사하고 말 것이라는 우려를 하는 직원들 사이에 논쟁이 이어졌다. 김범수는 내부에서 이를 중재하고 그들의 우려를 불식시키는 작업도 했다. 그것을 할 수 있는 사람도 김범수뿐이었고, 모든 위험을 무릅쓰고 최종 결정을 내릴 수 있는 사람도 김범수뿐이었다. 그리고 이때 가장 중요한 것은 리더십이었다.

한게임을 창업할 때부터 시작해 이제 14년째 회사의 리더로서 생활하고 있는 그의 리더십관은 무엇일까. 그는 평사원 생활도 해봤고 공동대표로서 권한을 나눠서 시행하는 경험도 해봤다. 무엇보다 남자들 간의 의리에 기반을 둔 작은 조직에서 출발해 크게 키우면서 생기는 다양한 문제점도 겪어봤다. 아무것도 없는 상태에서 사람을 모으러 다니기도 해봤다. 이런 과정을 거치면서 그는 나름대로의 리더십에 대한 기준을 설정하게 됐다.

김범수가 생각하는 리더십의 기준은 세 가지다. 첫째는 무조건 들을 것, 둘째는 문제를 제대로 파악할 것, 셋째는 결정을 내리는 게 더 중요하다는 것이다.

김범수는 리더십은 들을 줄 아는 데서 시작한다고 말한다. 지지하고 격려하고 공감하는 것은 모든 조직을 이끄는 사람의 기본이다. 구성원들이 자발적으로 따르지 않는 리더는 리더라고 할 수 없다. 김범수는 자꾸 이래라 저래라 말을 하는 것보다 구성원들의 이야기를 들어주는 게 훨씬 중요하다고 생각했다.

리더십의 둘째 기준은 문제를 제대로 파악하는 것이다. 우리는 보통 어떤 문제를 접하면 답을 찾으려고 애쓴다. 하지만 정작 문제가 뭔지 모르는 경우가 수두룩하다. 김범수는 문제의 답을 내기보다 문제를 명확히 정의하는 것이 더 중요한 리더십이라고 생각한다. 문제가 뭔지를 정확하게 파악하고 구성원들이 문제 해결 과정을 찾아가게끔 하는 게 리더의 요건이라는 것이다.

리더십의 셋째 기준은 결정을 내리는 것이다. 그에게 있어 리더라는 자리는 결정을 내리는 자리다. 결정을 내리지 않는 리더는 최악의 리더다. 듣는 리더십도 중요하지만 모든 사안에 대해 듣고, 토론하고, 수렴할 수는 없다. 김범수는 리더십 역시 상황에 따라 유연하게 대응해야 한다고 생각한다. 그는 긴박한 상황에서 리더의 결단력이 빛을 발한다고 본다. 반드시 긴박한 상황이 아니더라도 리더의 결단이 중요한 순간은 얼마든지 있다. 결국 리더는 결정을 내리는 사람이라는 게 그의 리더십에 대한 기준이다.

윈윈하는
모바일 생태계를 꿈꾸다

5,000만 사용자가 있는 카카오톡에서 안 되는 것이 있을까? 카카오톡을 통해 어떤 서비스가 이뤄질 것인지에 대해선 사용자뿐만 아니라 모바일 통신 업계의 큰 관심사다.

김범수는 카카오톡에서 불가능한 온라인 서비스는 거의 없다고 말한다. 무엇이든 할 수 있고, 굳이 못할 것도 없다는 얘기다. 중요한 것은 뭐든 할 수 있지만 김범수 자신이 직접 하려고 하지는 않는다는 점이다. 자신이 하지 않으면서 뭐든 하려면 남과 열심히 연결할 수밖에 없다. 먼저 자신을 열어서 남들이 다가오는 것을 막지 말아야 하고 다른 서비스나 앱에 적극적으로 다가가는 것도 필요하다.

김범수가 처음에 카카오톡의 소셜 허브화를 고민하다가 이를 실현할 첫 번째 방법으로 플랫폼을 떠올린 것은 이런 이유 때문이었다. 자신을 열고 남에게 적극적으로 가려면 플랫폼만큼 좋은 게 없었다. 허브라는 것은 자칫 지나가는 자리만 될 수 있다. 그래서 카카오톡은 2011년 10월 단순 메시지 서비스에서 벗어나 모바일 비즈니스를 본격화하는 플랫폼 구축에 나섰다. 게임, 쇼핑, 엔터테인먼트 등의 다양한 영역과 연계해 새로운 수익 모델 발굴에 나선 것이다. 카카오는 새로운 서비스인 플러스친구와 카카오링크2.0을 내놓고 모바일 플랫폼 시대를 주도해가기 위한 의욕적인 행보를 시작했다. 플랫폼 구축을 통해 글로벌 시장에서도 모바일 생태계를 이끄는 선두 주자가 되겠다는 것이 카카오의 포부다.

플러스친구는 기존의 카카오톡친구를 확장해 다양한 정보를 제공하는 서비스다. 이용자가 기업, 스타 등을 친구로 등록하면 관련 정보를 실시간으로 받을 수 있다. 예를 들어 백화점 업체를 친구로 등록하면 세일 정보 확인과 할인 쿠폰 수령이 가능하다.

카카오링크2.0은 카카오톡친구와 다른 애플리케이션을 함께 이용할 수 있도록 도와주는 서비스다. 음악, 지도, 게임 등의 앱을 이용하며 동시에 친구에게 카카오톡 메시지를 바로 보낼 수 있다. 이전 카카오링크1.0은 웹페이지로만 연결이 가능했지만 카카오링크2.0

은 앱끼리 연동해준다. 예를 들어 게임 앱에서 카카오톡 아이콘을 클릭해 친구를 초대하고 함께 게임을 즐길 수 있다. 카카오톡 메시지로 지도 앱의 지역 정보를 공유하는 것도 가능하다. 오픈 응용프로그램환경(API)을 통해 누구나 이용할 수 있다.

최근 카카오와 경쟁하기 위해 다른 업체들도 앞다퉈 모바일 메시지 서비스를 내놓고 있지만 카카오는 결국 플랫폼 경쟁으로 승패가 판가름날 것으로 앞날을 내다본다. 그리고 카카오톡은 선도적인 전략으로 늘 한발 앞서가려 하고 있다.

김범수는 링크를 통해 좀 더 광범위한 플랫폼으로 카카오톡을 성장시키려는 계획을 갖고 있다. 김범수의 계획대로 카카오톡이 플랫폼으로 성장한다면 사람들은 여기서 어떤 생활을 할 수 있을까.

카카오톡이 그리는 모바일의 미래상은 카카오톡을 통해 놀이, 커뮤니케이션, 공부, 일상생활까지 모두 가능한 세상이다. 카카오톡으로 음성 대화를, 그것도 공짜로 할 수 있는 세상은 이미 활짝 열렸다. 친구와 게임을 하는 것도 가능하다. 뉴스를 구독하고 전자책을 구매하는 것도 가능해질 것이다. SNS를 통합 관리하는 것은 물론 친구와 음악을 함께 듣고 쇼핑을 하거나 할인 쿠폰을 이용하는 것도 얼마든지 가능하다.

카카오톡에서 쇼핑 서비스만 이뤄지더라도 엄청난 효과가 예상

된다. 기존 모바일 플랫폼이나 서비스들과는 사용자 기반이 완전히 다르기 때문이다. 국내 이용자만 3,500만 명이 넘는다. 기존 소셜커머스나 모바일 쇼핑 서비스의 가장 큰 문제점은 그들이 혜택을 줄 만큼 충분한 고객이 모이질 않는다는 것이다. 즉 서비스를 본격화하기 전 단계인 집객에서부터 문제가 생기면서 제대로 사업 모델을 보이기도 전에 좌초하는 경우가 태반이다.

이런 서비스들을 보면서 드는 의문이 있다. 왜 꼭 자기네 사이트나 앱을 방문하는 사람들만 대상으로 서비스를 제공해야 하는가. 사람들이 많이 모이는 곳에 가서 서비스를 제공하면 되지 않는가. 사람들을 힘들게 자기가 있는 곳으로 모이게 하려면 돈은 돈대로 들고 실패했을 경우 감당해야 하는 부담이 엄청나다. 설혹 성공한다고 하더라도 거기에 들인 비용만큼의 효과를 뽑아낼 수 있을지 미지수다. 카카오톡은 이런 고민을 하는 이들에게 해답이 될 수 있다.

카카오톡을 통해 음악을 듣는다면 그것은 기존 음악 감상 사이트나 MP3플레이어를 통해 음악을 듣는 것과는 완전히 다른 차원의 경험이 될 것이다. 카카오톡은 주소록을 통해 친구들과 연결돼 있기 때문에 사실 음원을 비롯한 다양한 콘텐츠를 공유할 수 있는 최고의 수단이 될 수 있다. 음원이 우선적으로 고려된 것은 비교적 크지 않은 파일이면서도 많은 사람들이 좋아하고 쉽게 실행할 수 있기 때문이다.

이 시나리오들을 짚어보면 카카오톡이 그리는 미래가 기존 포털이나 통신사들이 만들었던 환경과 많이 다르다는 것을 알 수 있다.

기본적으로 포털이나 통신사들은 자신들이 주도하고 운영할 영역을 만들고 거기에 들어오려는 이들에게 자신들의 시스템이나 특정 소프트웨어, 로그인 시스템 등을 사용하도록 강요한다. 일정 수준의 진입 장벽도 만들어 아무나 들어오지 못하도록 한다. 가장 중요한 것은 외부와의 연결을 차단한다는 점이다. 네이버에 한 번 들어가면 다른 서비스를 찾아갈 이유도 별로 없고 다른 것을 고민할 필요도 없다. 통신사의 경우 더 심하다. 자신들이 구축한 네트워크를 벗어나는 것을 허용하지 않는 것이 포털이나 통신사들이 구축한 생태계의 기본 속성이다.

카카오는 이것과 철저하게 차별화되는 것을 추구하고 있다. 김범수는 일단 카카오톡을 개방형 플랫폼화하는 것을 추진하고 있다. 여기서 개방형 플랫폼의 개방이 어느 정도일지는 아직 정해지지 않았다. 하지만 포털이나 통신사들이 시늉만 냈던 개방과는 질적으로 다를 것이 분명하다. 카카오톡 자체가 그들과의 차별을 선언하며 만들어졌기 때문이다.

퀄러티를 유지하기 위한 최소 한도를 빼고는 카카오톡은 모든 것을 개방한다는 방침이다. 카카오톡이 모든 것을 운영할 필요도 없고 진입 장벽을 따로 만들지도 않는다. 외부와는 당연히 연결된다. 카카오톡을 통해서 하는 서비스들은 카카오톡뿐 아니라 다른 SNS에서도 동시에 서비스를 진행할 수 있고 카카오톡과 연결되면서도 자신들만의 정체성을 유지할 수 있다. 카카오톡을 통해 마케팅을 진행하는 것도 가능하고 별도의 수익 모델을 만들어갈 수도 있다.

이를 위해 카카오톡은 어떤 업체와도 배타적인 관계의 계약은 맺지 않고 있다. 페이스북에서 특정 업체만 게임을 서비스할 수 있다는 말을 들은 적이 있는가? 카카오톡 역시 마찬가지다. 2011년 들어 위메이드와 계약을 체결하긴 했지만 위메이드와 카카오톡은 서로 상생을 위해 손잡았을 뿐 배타적인 관계는 아니다.

"모든 가능한 종류의 소셜과 모바일 활동들이 집결되면서도 어디서도 배타적이지 않고 누구에게도 진입 장벽이 없으며 자신들의 수익 모델을 만들어갈 수 있는 플랫폼을 만드는 것이 카카오톡이 해나갈 일입니다."

카카오톡의 미래, 모바일 세상의 미래에 대한 김범수의 간결하고 명쾌한 설명이다.

카카오톡 VS 라인,
해외시장에서 하는 진검승부

김범수와 이해진. 서울대학교 86학번 동기인 두 사람은 오랜 시간 동안 동료였다. 대학교에 같이 입학하고 같은 회사에 나란히 동기로 입사했다. 판이하게 다른 두 사람이지만 1980년대 중반부터 2000년대 중반까지 무려 20여 년의 시간을 같은 울타리에서 지냈다. 친하다면 어느 누구보다 친해질 수도 있었다. 하지만 오랜 시간 동안 동료이자 동지였던 두 사람의 관계는 이제 사뭇 달라졌다. 한솥밥을 먹었던 그들은 이제 치열하게 경쟁하는 라이벌이 됐다.

삼성SDS와 NHN 시절부터 두 사람은 같은 방향을 보고 있는듯

했지만 서로 다른 그림을 그리고 있었다. 이해진은 기술에 대한 신념이 강했다. 정보가 소통하는 공간으로서의 네이버를 구축하고 세상의 모든 지식을 집약하려 했다. 그리고 이것이 기술력의 발전과 서비스의 고도화로 해결될 수 있을 것이라 믿었다.

김범수는 기술보다는 사람에 무게 중심을 뒀다. 그는 처음부터 인터넷을 행복한 공간으로 만들고 싶어 했다. 행복을 위해선 재미가 중요하다고 보고 게임 사업을 벌였고, 이제는 커뮤니케이션으로 사업 분야를 옮겨갔다. 소통과 공감의 공간으로 인터넷을 꿈꿨던 김범수로서는 그것을 위한 수단(한게임)에 치중하다 소통과 공감의 공간 그 자체(카카오톡)로 돌아왔다고 할 수 있다. 결국 김범수는 본래 하고 싶었던 것을 하게 된 셈이다.

인터넷 세상에서 서로 다른 그림을 그리던 김범수와 이해진 두 사람은 모바일 시대를 맞아 공교롭게도 경쟁을 할 수밖에 없는 상황에 처했다. 정보와 지식이 집약된 세계를 꿈꾸는 이해진도 모바일 시대의 커뮤니케이션에 눈을 돌릴 수밖에 없게 됐기 때문이다. 인터넷 시절엔 검색으로 모든 것이 가능했지만 모바일 시대에는 사람과 사람이 연결되는 것이 더 중요해졌다. 그리고 그 핵심에는 카카오톡 같은 모바일 메신저 서비스가 자리 잡고 있다. 정보와 지식의 집약 세계를 모바일에서도 구축하려면 이 시장을 그냥 지나칠 수 없다.

이해진은 김범수가 먼저 치고 나가는 것을 목격했다. NHN은 빠른 실행력과 혁신적 아이디어에서 약점을 보여왔다. 이해진이 이끄는 NHN은 미리 치고 나가는 서비스를 선보이지 못했다. 대신 거대한 조직과 확실한 자금력이 있다. 카카오톡이 치고 나가는 것을 확인한 이해진도 모바일의 미래가 커뮤니케이션에 있다고 봤다. 즉시 본인이 직접 나서 이 부문을 강화하기 시작했다.

NHN은 2011년 2월 네이버톡이라는 모바일 메신저 서비스를 선보였지만 카카오톡에 밀려 참담한 성적을 기록했다. 출시된 지 반년이 넘도록 NHN이 이용자 수 공개를 거부할 정도로 부진에 부진을 거듭했다. 기능이 너무 많은 게 탈이었다. 그러다 보니 서비스가 무겁고 오류가 많았다. 모바일에서는 단순하면서도 핵심적인 기능만 있으면 된다는 것을 간과한 결과였다. 그사이 카카오톡은 1년 만에 1,000만 명을 돌파하고 만 2년이 되기도 전에 4,000만 명에 가까운 가입자를 모았다.

NHN은 카카오톡과 거의 똑같은 라인(Line)을 그해 6월 일본에서 선보였다. 출시한 지 두 달여 만에 라인은 일본에서 80만 명이 넘는 사용자를 모았다. NHN이 라인을 출시한 직후 일본에 해외 법인을 설립한 카카오톡의 일본 이용자 수는 8월 말께 150만 명에 달했다. 라인의 2배에 달하지만 두 서비스의 이용자 수는 국내시장에서만큼 차이나지 않았다.

이런 성과에 고무된 이해진은 일본에서 라인 성능 강화를 직접 진두지휘하기 시작했다. 이해진은 일본으로 가 라인을 전담할 40여 명의 팀을 새로 꾸렸다. 라인 사업 강화를 위해 4억 엔을 추가로 투입했다. 그가 가자마자 라인에는 모바일 인터넷전화 서비스가 장착됐다. 네이버톡이 답보 상태를 벗어나지 못한 것에 비해 라인의 성과는 확실히 눈에 띄었다. 6개월여 만에 가입자 수가 1,000만 명에 육박할 정도로 늘었고 일본을 비롯해 세계 12개국에서 모바일 메신저 중 다운로드 1위를 기록했다. 2011년 11월 말까지 해외에서만 600만 명이 넘는 사용자를 모은 카카오톡에는 미치지 못하지만 카카오톡에 눌려왔던 NHN으로서는 반전을 꾀할 수 있는 전기를 마련한 셈이다.

본래 라인은 한국이 아니라 NHN 재팬이 출시한 제품이었다. 일본 시장을 겨냥하고 만들어졌다. NHN은 라인이 빠른 속도로 정착하자 네이버톡이 아닌 라인을 NHN의 모바일 메신저의 글로벌 플랫폼으로 가져가기로 했다. 12월 말에는 아예 네이버톡을 접고 라인에 올인하는 전략으로 수정했다.

김범수도 가만히 있지 않았다. 급히 일본으로 날아갔다. 2011년 9월의 일이었다. 당시 카카오톡은 일본에서도 모바일 메신저 1위를 달리고 있다. 김범수는 카카오가 처음으로 해외 법인을 설립한 일본을 카카오톡 글로벌화를 선도할 거점으로 생각하고 있었다.

김범수가 일본에 공을 들이는 것은 NHN 시절의 경험 때문이다. 일본은 NHN이 해외 시장에 진출해 유일하게 성공한 시장이다. 김범수가 일본 진출을 주도했고 천양현이 일본 현지에서 시장을 개척했다.

카카오톡은 분명 국내 모바일 시장을 선점했다. 하지만 해외시장은 아직도 초기 단계다. 현재로서는 국내 기업들끼리 해외시장을 놓고, 그것도 같은 회사를 창업했던 인물들끼리 경쟁을 벌이는 셈이다. 인터넷 시대에는 최강자였던 NHN이 모바일 시대를 맞아 공동 창업자였던 김범수에 의해 강력한 도전을 맞이했다는 것도 흥미롭다.

동료에서 숙명의 라이벌이 된 김범수와 이해진. 두 사람이 이끌고 있는 회사를 통해 앞으로 10년 후 모바일 세상의 지도는 달라질지도 모른다.

젊음이 꿈을 펼칠 수 있는 장을 만들기 위해

창업, 망설이지 말고 지금 시작하라

포도트리는 교육을 주된 사업으로 하는 신생 벤처 기업이다. 김범수가 절반의 지분을 갖고 있고 나머지는 이진수 대표를 비롯한 22명에 달하는 직원들이 지분을 나눠 갖고 있다. 카카오와 좀 다른 점이 있다면 김범수가 직접 경영 일선에 나서는 것이 아니라는 점이다. 더욱 큰 차이점은 사업 아이디어와 기획, 그리고 집행에 이르기까지 이진수 대표를 비롯한 현 포도트리 창업진들이 모두 주도했다는 점이다. 이진수는 창업 아이디어와 기획안을 들고 2010년 5월 김범수에게 찾아갔고, 투자를 받았다.

김범수는 카카오의 전신인 아이위랩을 만들 때부터 벤처 기업 100개를 발굴해 투자하겠다는 계획을 갖고 있었다. 아이위랩이 카카오로 명칭을 바꾸고 김범수가 직접 뛰고 있는 점을 감안하면, 포도트리는 아마 그가 말한 벤처 기업 100개 중 1호 벤처라고 할 수 있다.

이진수는 창업을 오랫동안 고민해왔지만 직접적인 동기 부여가 이뤄지기까지 시간이 걸렸다. NHN을 다니던 이진수는 아이폰을 구입한 뒤 앱 스토어에서 앱을 다운로드하면서 '이거다'라는 생각이 들어 창업을 결심하게 됐다.

이진수는 인터넷 열풍이 불던 시절보다 더 큰 변화가 올 것임을 예상했고, 지금이 창업을 할 수 있는 마지막 때라고 생각했다. 지금 안 하면 평생 창업을 못 할 것 같은 절박한 심정이었다.

그는 즉각 이진영 이사에게 연락을 했다. 1초도 기다리지 않고 'OK'라는 답이 나왔다. 그리고 바로 전화를 돌렸다. 신종훈, 박종철, 차상훈, 김유진 이사 등에게 차례로 연락했다. 모두가 참여하기로 했다. 이진수는 망설이지 않고 바로 사업계획서를 들고 김범수를 찾았다. 이진수는 NHN 시절 김범수를 따르던 사람들 중 한 명이었다. 김범수에게 검증을 받고 이진수는 더욱 자신감을 얻었다. 2010년 5월 바로 그날 김범수에게 투자를 받고, 자신이 가진 돈도 전부 넣었다. 그리고 7월에 포도트리라는 회사를 세웠다.

이진수는 포도트리 창업에 영향을 미친 가장 대표적인 인물로 프리챌 전제완과 김범수를 꼽았다. 창업가로서의 롤모델이 전제완이라면 비전과 구체적인 실행 계획 등에 있어서 가장 최근까지 영향을 받고 도움을 받고 있는 인물은 김범수였다.

이진수에게도 김범수는 중요한 인물이지만 김범수에게도 이진수는 매우 중요한 인물이다. 김범수가 천명했던 100인의 CEO, 첫 단추에 해당되는 인물이기 때문이다. 김범수로서는 이진수가 제대로 자리 잡기 위해 노력을 기울일 수밖에 없는 사이다.

100인의 CEO, 꿈을 현실로

"보통의 벤처캐피털(VC) 회사를 차릴까. 아니야. 그건 내 스타일이 아니야. 미국의 와이컴비네이터 같은 인큐베이팅 회사를 설립할까. 그것도 내가 생각하는 기업관과는 거리가 좀 있는 것 같아. 뭐가 좋을까."

고민을 거듭하던 그가 최종 결론을 내린 것은 IT 분야 초기 단계의 벤처 기업에 투자하는 것이었다. 김범수는 이를 위해 케이큐브벤처스(K Cube Ventures)를 설립했다. 케이큐브벤처스의 K는 김범수의 K, 카카오의 K, 코리아의 K다. 여기에 정육면체, 세제곱의 뜻이 있는, 뭔가 이공계 냄새가 물씬 나는 큐브를 붙여 이름을 만들었다. 법인 등록을 마치고 투자조합 결성에 나선 이 회사는 4월부터 본격적인 투자 활동을 시작했다.

김범수는 2011년에만 해도 벤처 투자 회사를 설립하는 것이 자신의 일이 아니라고 생각했다. 그는 계속 방법을 찾고 있었다. 그의 고민은 소프트뱅크벤처스 수석심사역이었던 임지훈을 만나면서 해결책을 찾아가기 시작했다.

김범수와 임지훈 두 사람이 만난 것은 공식적으로는 2010년이다. 소프트뱅크벤처스에서 일하고 있던 임지훈은 카카오에 대한 투자 문제를 논의하기 위해 2010년 여름 김범수를 만나러 갔다. 카카오톡 사용자가 200만 명이 채 안 되던 때였다.

임지훈은 카카오톡에 투자를 하려 했지만, 김범수로부터 외부 투자를 받기엔 적절한 때가 아니라는 답변을 들었다. 그 후로도 몇 번 더 김범수를 찾아갔지만 투자는 성사되지 않았다.

두 사람의 인연은 거기서 끝나지 않았다. 2011년 10월 카카오가 모바일 소셜커머스 업체인 로티플 인수에 나서면서 임지훈과 김범수는 다시 만나게 됐다. 임지훈은 개발력이 뛰어난 로티플의 가능성을 보고 이 회사가 생긴 지 한 달 만에 3억 원을 투자했고 서비스를 내놓기 전에 10억 원을 추가로 투자했다. 로티플은 설립 8개월 만에 카카오에 인수됐다. 소프트뱅크벤처스가 로티플 지분을 상당 부분 갖고 있었기 때문에 임지훈과 김범수가 마주 앉게 된 것이었다.

만남이 이어지면서 김범수는 임지훈의 안목을 새삼 재평가하게 됐다. 임지훈은 아직 30대 초반의 젊은 나이였지만 벤처 투자 업계에서 선구안이 좋기로 소문이 나 있었다. 그는 소프트뱅크벤처스에서 일한 5년여 동안 KINX(한국인터넷연동센터), 처음앤씨, 한텍엔지니어링 등을 초기에 발굴하고 투자해 IPO(기업 공개)까지 성공시켰다. 또 선데이토즈, 두빅, 바이미닷컴, 인포마크 등 현재 가파르게 성장하고 있는 벤처 기업들에도 초기에 투자했다.

임지훈이 수석심사역으로 일할 때 두드러졌던 점은 창업가들의 창업 동기, 백그라운드 등을 투자를 결정하는 중요한 요소로 평가했다는 점이다. 특히 창업자의 됨됨이를 가장 많이 따졌다. 창업자와 창업 멤버를 10번 이상 매번 두 시간 정도 만나 그들의 열정과 집요함을 확인했다. 그는 특출나고 끈기 있는 창업자라면 실패를 하더라도 다음에 뭔가를 분명 만들 수 있다고 확신했다. 이것이 임지훈의 투자 원칙이었다.

그는 인류를 좀 더 윤택하게 만들 수 있는 서비스와 제품을 내놓을 창업자를 선호한다. 이런 사업에는 돈도 저절로 따라오기 마련이라는 것이 그의 지론이다. 김범수와 유사한 측면이 많은 면모다.

결국 연초에 김범수는 임지훈을 따로 불러 자신이 설립할 투자 회사의 대표를 맡아줄 것을 요청했다. 임지훈의 영입은 이 투자 회사의 성격을 결정지을 중요한 계기가 됐다. 임지훈은 아주 초기 단계의 벤처 투자가 전문인 인물이다. 김범수가 결국 엔젤 투자가 답이라는 결론을 내린 것이었다.

엔젤 투자 회사이지만 기존 엔젤 투자와는 좀 다르다. 가장 큰 차이점은 투자 금액이다. 보통 엔젤 투자자들은 1억에서 3억 원을 투자하지만 케이큐브벤처스에는 사실상 투자 상한선이 없다. 업종의 성격에 따라, 또 필요하다면 5억 원, 10억 원이라도 투자할 수 있다는 뜻이다. 임지훈은 케이큐브벤처스의 모델로 장병규 사장이 만든 본엔젤스벤처파트너스를 선례로 삼았다. 그러나 케이큐브벤처스는 인큐베이팅을 하지 않는다.

임지훈은 아직 사업에 서투르고 잘 모르는 사람들에게 조언을 해주고 가르쳐주는 것을 불필요한 것으로 생각한다. 기업가는 가르쳐서 만들어지지 않는다는 게 임지훈의 생각이다. 마케팅을 강의로 배우는 사람에게는 투자하지 않는다는 것이 그의 원칙이다. 기업가는 그런 것을 스스로 깨쳐서 알게 되는 사람이라고 생각한다.

그의 이런 생각은 김범수 의장의 기본 인식과 일맥상통한 것 같다. 케이큐브벤처스는 사업 방향을 잡아주고, 모르는 것을 가르쳐주고 하는 그런 작업은 하지 않는다. 통상의 엔젤 투자자보다 큰 금액을 투자하고 네트워킹을 형성하는 것을 도와준다.

케이큐브벤처스 사무실은 서울시 역삼동의 카카오 사옥인 C&K 빌딩 4층에 마련됐다. 펀드 규모는 100억~150억 원. 처음에는 김범수와 그의 지인이 투자한다. 투자조합을 결성해서 펀드의 3분의 2가량을 투자하면 바로 그다음 투자조합을 결성하는 식이다.

케이큐브벤처스는 투자에만 그치지 않는다. 김범수는 스타트업 기업에 구체적인 조언도 하고 필요하면 자신의 IT 업계 인맥을 동원해 원포인트레슨을 할 계획도 갖고 있다. 또한 매달 1~2번씩 투자받은 회사들의 구성원들과 함께 난상 토론을 하는 등 같이 머리를 맞대는 자리도 만들 예정이다. 후배들은 자신처럼 고생하지 않도록 하겠다는 그의 오랜 생각을 이제 하나씩 실천하기 시작한 것이다.

케이큐브벤처스가 엔젤 투자의 새로운 장을 열 수 있을까. 아직 엔젤 투자가 열악한 국내 환경에서 초기 기업 발굴의 고수인 임지훈과 큰 그림을 잘 보는 김범수가 새로운 모델을 만들어가야 한다. 아직 초기 투자 환경은 너무나 열악하다. 그리고 김범수는 그런 환경을 개선할 얼마쯤의 책임이 있다. 본인도 무거운 책임감을 스스로 느끼고 있다.

　김범수는 성공한 벤처 1세대이고 무엇보다 스스로 사회에 대한 환원을 그렇게 하겠다는 확고한 철학을 갖고 있다. 김범수에 의해 한국의 벤처 생태계가 다시 만들어질지도 모른다. 그리고 김범수가 꾸는 더 큰 꿈은 거기서 다시 새롭게 출발하고 있다.

악착같이 살지 마라

지금으로부터 10년, 20년이 지난 뒤에도 변호사, 의사, 판검사가 가장 좋은 직업일까? 그때도 공무원이 되는 게 가장 좋은 선택일까? 김범수는 이에 대해 그렇지 않을 것이라고 말한다.

앞으로 좋은 직업에 대한 기준은 많이 달라지게 될 것이므로 지금을 기준으로 남들이 좋은 직업이라고 말하는 것을 구하기 위해 애쓰는 것은 현명하지 못하다는 것이다.

김범수는 남들이 보기에 그럴듯해 보이는 삶을 살려고 하는 것을 경계한다. 그는 젊은이들에게 '악착같이 살지 말라'고 조언한다. 특히 지금의 대학생들에게 말이다. 김범수가 악착같이 살지 말라고 하는 것은 열심히 살면 안 된다는 뜻이 아니다. 자기에게 맞지 않는 것, 자신이 행복하지 않은 것, 남을 행복하게 만들 수도 없는 것을 오로지 남의 눈 때문에 구하기 위해 애를 쓰는 것이 악착같이 사는 것이라고 한다. 그것은 맞지 않는 것을 구하기 위해 괜한 수고를 들이는 것이다.

김범수는 젊은이들에게 스스로에게 희망을 고문해선 안 된다고 말한다. '내가 안 되는 건, 열심히 안 해서 그런 거야'라는 식으로 생각할 필요가 없다는 것이다. 그는 오히려 왜 꼭 스스로를 달달 볶아야 하냐고 반문한다. 힘들고 어려운 상황일수록 내가 좋아하는 것, 내가 잘하는 것에서 길을 찾아야 한다는 것이다.

김범수 자신의 인생이 그랬다. 소년 김범수는 공학자가 되고 싶다는 생각을 했다. 그는 특히 수학을 좋아했다. 수학은 학생 수준에서 관점의 차이를 현실화시킬 수 있는 것이었다. 수학 문제는 정석대로 풀 수도 있지만 다른 방법으로도 얼마든지 푸는 방법을 찾아갈 수 있었다. 그걸 찾아가는 과정이 재밌었다. 그는 조금만 생각을 바꾸면 다른 길이 보인다는 것을 깨닫고는 그것을 멋진 일로 생각했다. 사업을 일으키거나 크게 돈을 벌어보겠다는 생각은 그 시절 그에겐 아직 없었다.

김범수는 대학 시절을 워낙 힘들게 보냈던 재수 1년에 대한 보상심리로 고스톱, 포커, 당구, 바둑에 푹 빠져 지냈다. 이왕 놀 거면 도

둑질 빼고는 다 해보자는 심산이었다. 그때는 그렇게 놀며 보낸 시간이 자신에게 어떤 경험이 될지 알지 못했다. 김범수는 대학을 졸업하고 취업에 나서면서 자신이 좋아하고, 잘할 수 있는 영역에서 첫걸음을 시작하기로 했다. 그래야 일을 즐길 수 있을 것 같았다.

한게임을 만들 때도 '그나마 내가 잘하는 게 뭐지' 하고 생각하다 보니 '내가 잘하는 게임과 잡기, 이런 걸 온라인으로 옮기면 좋겠다'는 생각에 이르렀다. 한게임은 게임을 하며 밤새워 놀았던 자신의 경험을 떠올려 온라인 세상에 그 놀이를 옮겨놓은 결과물이다.

성공을 위해 골똘히 사업 아이템을 애써 찾은 것이 아니라 그는 그저 자신이 좋아하는 것을 계속 좇았다. 관점을 조금만 달리하면 다른 길이 보이는 수학을 좋아했고, 수학이 좋아서 수학을 하려고 대학 전공을 공학으로 택했고, PC통신의 수학적 공식에 관심을 갖다가 게임이라는 세상을 접했다.

물 흐르듯 자연스럽게 살아온 것처럼 보이지만 그 속에는 그만의 분명한 원칙이 있다. 남들의 기준이 아닌 자신이 좋아하고 잘하는 것을 계속 고민하고 그것에 집중한다는 것, 그리고 벽에 가로막혔을 때 관점을 바꿔서 다른 길을 찾으며 극복해나간다는 것이다.

김범수는 젊은 세대들에게 당부한다.

"무턱대고 자신을 다그치면 힘들기만 한 것 같아요. 문제가 있다고 생각하면 답을 찾기보다 그 문제가 뭔지 정확히 정의하는 것이 훨씬 중요해요. 그게 바로 관점을 바꿔보는 것의 출발이죠. 문제를 정확히 파악하면 새로운 각도에서 해결책을 찾을 수 있어요. 남들이 하라는 대로 악착같이 살지 마세요."

자신이 좋아하는 것, 잘하는 것에서 길을 찾고 끝없이 도전하면서 이 시대의 진화하는 아이콘이 된 김범수. 그의 꿈은 더욱 커지고 있고, 그 꿈을 이루기 위한 그의 도전은 앞으로도 멈추지 않을 것이다.

어제를 버려라

초판 1쇄 발행 2012년 7월 2일
초판 2쇄 발행 2012년 7월 27일

지은이 임원기
펴낸이 김선식

Editing creator 김익선
Design creator 황정민
Marketing creator 이주화

1st Creative Story Dept. 황정민, 한보라
Creative Design Dept. 최부돈, 김태수, 박효영, 이명애, 손은숙, 조혜상
Creative Marketing Dept. 이주화, 원종필, 백미숙, 이예림
    Public Relation Team 서선행
    Communication Team 김선준, 박혜원, 전아름
    Contents Rights Team 이정순, 김미영
Creative Management Team 김성자, 송현주, 권송이, 윤이경, 김민아, 한선미

펴낸곳 다산북스
주소 경기도 파주시 교하읍 문발리 529-2 3, 4층
전화 02-702-1724(기획편집) 02-6217-1726(마케팅) 02-704-1724(경영지원)
팩스 02-703-2219
이메일 dasanbooks@hanmail.net
홈페이지 www.dasanbooks.com
출판등록 2005년 12월 23일 제313-2005-00277호

필름 출력 스크린그래픽센타
종이 월드페이퍼(주)
인쇄 · 제본 (주)현문

ISBN 978-89-6370-760-0 (03320)

- 책값은 뒤표지에 있습니다.
- 파본은 본사와 구입하신 서점에서 교환해드립니다.
- 이 책은 저작권법에 의하여 보호를 받는 저작물이므로 무단 전재와 복제를 금합니다.